7日間で成果に変わる

小川仁志 Ogawa Hitoshi

アウトプット読書術

リベラル社

はじめに

サラリーマンの私が作家になれたわけ

皆さんはなんのために読書をしていますか？　楽しむため？　知識を得るため？　考えを整理するため？　おそらく色々あると思います。いずれにしても人は読書をする生き物です。それはパスカルの言う「考える葦」であることを宿命づけられた人間の本能と言っても過言ではないでしょう。

だから巷には読書術を指南する本があふれているのだと思います。皆、より効率よく、あるいはより楽しく本を読む方法を知りたいわけです。そんなふうにすでに読書術を指南する本はたくさんあるわけですが、本書は二つの点で他の読書術とは大きく異なります。一つ目は、哲学者が書いているという点。二つ目は、読書をアウトプットに生かすということを目的にしている点です。

一つ目の哲学者が書いているという点については、それによって読書の本質をとらえた提案が可能になります。哲学者は、物事を本質にさかのぼって考えることを生業にしているからです。したがって、単なるスキルではなく、読書という営みの本質にさかのぼって読書哲学を伝授することができるわけです。

二つ目のアウトプットについては、本当はこれぞ読書の目的だと思っています。もちろん楽しむだけというのもいいのですが、せっかく読むのだから、何かに役立てようとするのが人間です。いや、意識せずとも、何か本を読めば私たちはそれを人生や仕事に生かしているはずです。たとえそれが小説であったとしても。

とするならば、**もっとストレートにアウトプットすることに特化した、そのこと自体を目的とした読書術**があってもいいと思うのです。私はこの点については自信があります。なぜなら、私自身が、毎月ほぼ1冊ずつ、この10年間で１００冊以上の本を出してきたからです。その意味で、いわば実証済みの方法論だと思っていただければいいでしょう。

私はもともとサラリーマンでした。そんな私が急に本を書けるようになって、それどころか10万部以上売り上げるベストセラー作家の仲間入りをし、ビジネス書大賞にもノミネートされるようになったのはなぜか？　それはこのアウトプット読書術を見出したからにほかなりません。もちろん私自身は、急にこのアウトプット読書術を確立できたわけではなく、徐々にアウトプットができるようになったのです。

特に最初の本を書くのは大変でした。構想の段階を含めると1年以上かかっています。その年はその1冊だけです。そして2年目は3冊、3年目は6冊、あとはずっと年10冊以上書いています。これだけコンスタントに書けるようになった背景には、第4章で触れる哲学的思考があるのは間違いないのですが、それだけではなく、様々なノウハウを確立することができたからです。

これまでたくさんの本を出してきましたが、このことについて本格的に書くのは本書が初めてです。言い換えると、ついに私の秘伝を明かすときがきたわけです。読者の皆さんには、私と違って一気にこのノウハウを身につけることで、あっという間にアウトプットができるようになっていただくつもりです。

最近は学校でもビジネスでも、プレゼンをはじめとして人前で意見を発表する機会が増えています。それに伴い、ますます多くのコンテンツが求められるようになっています。読書のアウトプットは、そうしたコンテンツのリソースになっているのです。

ところが残念ながら、私の周囲には読書の成果をうまくアウトプットできないという人がたくさんいます。なぜできないのか？　それにはちゃんとした理由があるのです。一言でいうと、アウトプットするつもりで本を読んでいないということです。読書の成果をアウトプットしたいなら、それなりの覚悟と準備がいります。逆に言うと、**その覚悟と準備さえきちんとできていれば、誰でもアウトプットできる**のです。

とは言え、多くの情報を効率的に処理しなければならないこの時代、読書のアウトプットのためにあまりたくさんの時間やエネルギーを費やすわけにはいかないでしょう。そこで本書では、7日間程度でなんでも準備できるような方法論を紹介しています。つまり1週間です。たいていの物事は「来週までに」といったようなイメージで締め切りが設定されるものです。2、3日では忙しすぎるし、1か月では先すぎます。ですから、7日間くらいがちょうどいいのです。それに7日間もあれば、かなりのことができるものです。現に私は、読書によって、いつもゼロから始めて7日間くらいでそのテーマに関してはプロ級になっています。

次ページにアウトプット読書術の全体系を示しておきました。同時にこれは本書の全体構造にもなっています。簡単に説明しておくと、まず、第1章でアウトプットのための準備としてプレアウトプットの方法について解説します。次に、第2章でインプットとその準備としてのプレインプットの方法について解説します。さらに読書のインプットとアウトプットの全体にかかわる理想の読書環境について、サラウンディングスとして第3章でまとめて解説します。そのうえで、読書内容を分析し、より効果的にアウトプットするための思考法について、アナリシスとして第4章で紹介しておきます。

そうしてようやくアウトプットの具体例について、口頭のものと書面のものに分けて、各々第5章、第6章にてポイントを解説しておきます。最後はアウトプットをより効果的なものにする文章術について、第7章にて紹介しておきます。最初にこの全体の構造を頭に入れてから読み進めていただくと、よりわかりやすいと思います。また、新しい章に進む前に、一度この体系に立ち返ってその章の位置づけを確認していただくといいでしょう。

仕事で話をする機会が多い人や、本を引用してレポートを書きたい人、そして本格的に本を書いてみたい人まで、とにかく読んだ本をアウトプットに生かしたいと思っているすべての方に、本書を捧げます。それでは早速、マル秘ノウハウについてお話ししていきましょう……。

〈本書の体系図〉

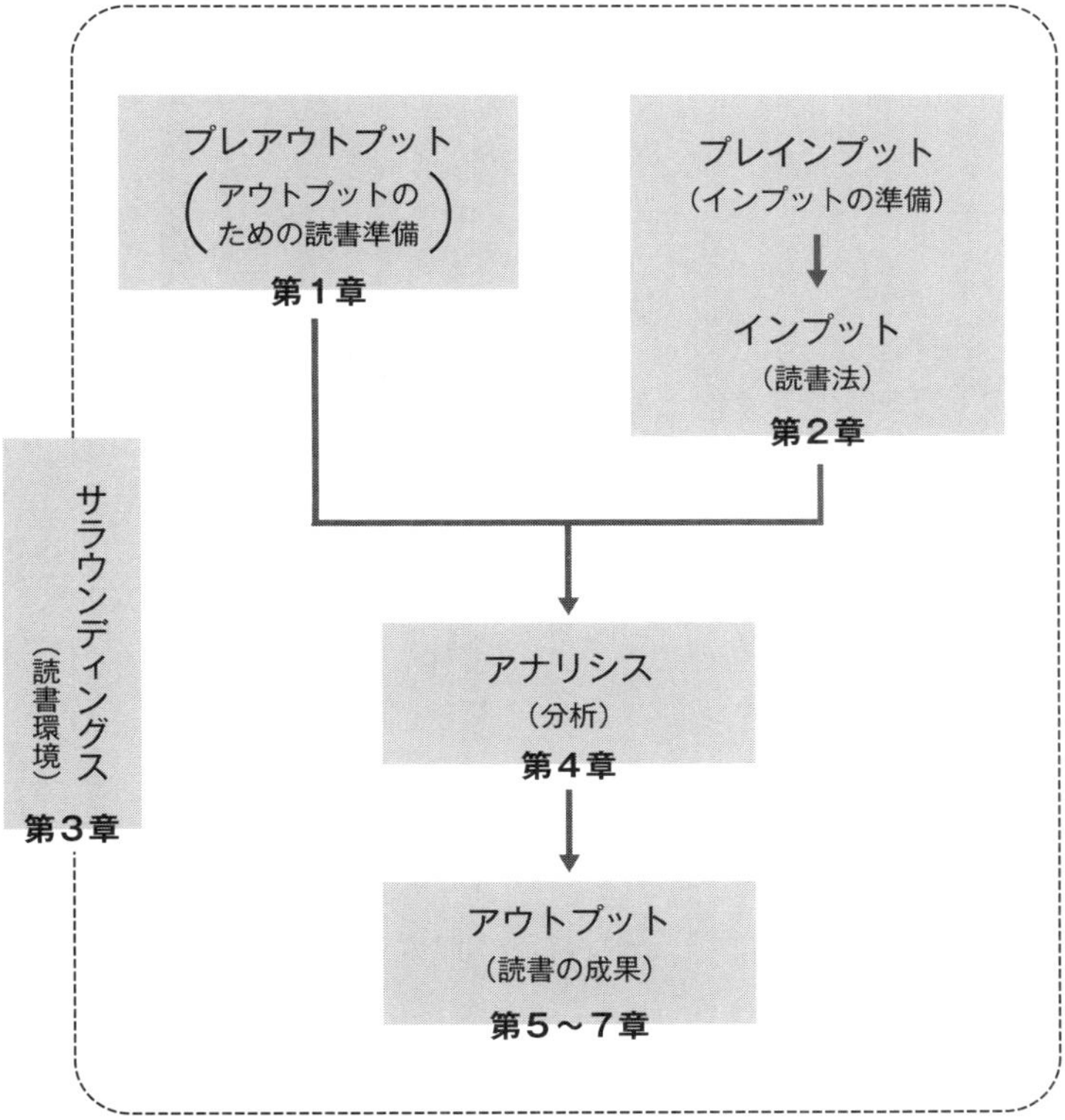

プレアウトプット
（アウトプットのための読書準備）
第1章
プレインプット
（インプットの準備）
インプット
（読書法）
第2章
サラウンディングス
（読書環境）
第3章
アナリシス
（分析）
第4章
アウトプット
（読書の成果）
第5～7章

はじめに　2

サラリーマンの私が作家になれたわけ

第1章

アウトプットするための読書準備　プレアウトプット

本を「使える化」する――情報がすぐに取り出せる記憶法　16

本を自分のものにするということの意味

付箋や折り曲げでひと目でわかる

躊躇ない線引きで記憶に残す

アイデアを書き入れてノート化

クリアファイルで情報を持ち歩く　31

A4用紙1枚にまとめる

本以外のメディアで情報を補う　34

新聞やネットで最新情報にバージョンアップ

テレビ番組表で関連情報を録画
YouTubeでシンポジウム等も確認
キーパーソンはネットで調べる
読んだ内容を整理しておく 40
体系図で頭の中を可視化する
結局何の本なのか、一言でまとめておく
自分の意見を加える技術（要約＋意見＝アウトプット） 42
反対意見で自分らしいアウトプットに

第2章 すぐに情報が取り出せる読書法

インプット

プレインプット 46
本を選ぶ視点
本の入手方法
本を読む目的の設定
スケジュールの立て方

1冊の本の読み方　60

早くペースをつかむ
まえがき・あとがき・目次は必須
キーフレーズ中心に志向性を持って拾い読みする
速読の方法
精読の方法
難解な本の読み方
古典の読み方
英語本の読み方

多読から思考が生まれる　74

1冊読破より10冊つまみ読み
初級・中級・上級各2冊読みが基本
売れている本は必読を!

せっかくのインプットを記憶として定着させる方法　81

関連させて反復する

第3章

はかどる読書環境の作り方

サラウンディングス

環境の重要性　86
家の中の環境を整える　89
本を家じゅうに散りばめる
本棚のつくり方
読書に最適な空間を演出する
外で読む環境を整える　98
1日1冊持ち歩く
読書の聖地――カフェ
書店と図書館
その他の公共の場所
本を読みたくなるようにする工夫　107
買った日がピーク
雑誌の読書特集や本に関する映画を観る

アウトプットするための環境 110
刺激と集中を得られる環境を

第4章
読書を自分のものにする思考法
アナリシス

インプットとアウトプットに生きる哲学思考 116
思考法①「直観」
思考法②「構造主義」
思考法③「批判」
思考法④「脱構築」
思考法⑤「弁証法」

第5章
1週間で本番！
話すためのシーン別戦略読書術
アウトプットI

「話す」ための本の使い方 144
雑談──話のきっかけづくりにする

第6章

1週間でプロ級！文章にまとめるシーン別戦略読書術

アウトプットII

- プレゼンテーション—本に代弁してもらう
- ディスカッション—説得の材料にする
- 教える—話のアクセントにする
- 商談—本題への橋渡し
- スピーチ—格調を上げる
- コメント—オリジナリティを出す

「書く」ための本の使い方　164

- 企画書—ネタにする
- レポート—彩りを加える
- 公文書—柔らかくする
- 自己PR—自分を光らせる
- 手紙—気持ちを伝える
- ブログ・SNS—インパクト勝負
- 本の紹介—読む気にさせる
- 読書感想文—心を震わせる

アウトプットⅢ

第7章

アウトプットを効果的にする文章術

読書を生かす優れた文章力 184

執筆のプレアウトプット

文章のセンスはリズムで決まる

主語と述語をしっかり対応させる

接続詞によって文章を論理的にする

有名作家になりきる

アウトプットを効果的に登場させる文章テク

おわりに 204

プレアウトプット

第1章

アウトプットするための読書準備

本を「使える化」する
――情報がすぐに取り出せる記憶法

「はじめに」にも書いたように、本書の特徴はアウトプットを念頭において読書することを勧めている点です。アウトプットとは、本で読んだ内容を人に話したり、レポートに書いたり、アイデアに生かしたりするということです。そのためには、ただ漫然と本を読んでいてはいけません。最初から最後まで、とにかくアウトプットを意識することが大事なのです。

特に私が重視するのは、アウトプットのための準備です。いわば「プレアウトプット」。つまり、本を読みながら行う作業のことです。これは本を読むというインプットの作業とは異なります。はっきり言って本書では一番大事な部分です。だから第1章にもってきたわけです。後で詳しく書きますが、どんな本でも、実は一番大事なことは最初に書かれているものです。もちろん小説は別ですが。

以下では、プレアウトプットのための数々の方法をご紹介していきます。

本を自分のものにするということの意味

本を読んでその中身を生かす、つまりアウトプットに生かすということは、**その読んだ本が自分のものになっている**ということです。本の全体の流れ、趣旨、山場、印象的なフレーズ等々。そうしたものがあたかも身体の一部になったかのごとく、自分の中に浸透した状態になっていることが必要です。

そもそも知識を身につけるというのは、そういうことなのではないでしょうか。知る前と後とでは何が変わるのかというと、思考法です。つまり、新しいことを知ると、それが自分の思考の一部になります。

たとえば、ニラとスイセンの葉が似ており、間違って食べると死んでしまうということを知ったとします（ちなみに、私がこのことを知ったのもある本からの情報です）。そうすると、それ以降はニラを見るたび大丈夫か疑うようになるでしょう。あるいは、そのほかにも似たような危険な食べ物がないか、注意するようになるはずです。

これは知識によって思考が変わるということにほかなりません。なぜなら、その知識を得るまではそんなこと考えもしなかったはずですから。スイセンの葉がどうこうというのは単純な知識ですが、もっと高度な知識や複雑な知識を得れば、それによってもっと高度な思考やもっと複雑な思考をし始めるに違いありません。私たちは**思考力を得るために本を読む**のだと言っても過言ではないでしょう。わざわざ時間やお金を費やすのには、そういう意味があるのです。

ですから、何も残らないのなら、何もしなかったのと同じです。せっかく本を読んでも、その記憶が一切ないとすれば、その本を読むのに費やした時間とエネルギー、そして購入した本なら本代を含め、すべて無駄になってしまうのです。まぁ、さすがにそんな人はいないでしょうが、単に面白かったとか、感動したとかいう感覚が残っているだけという人は結構いるのではないでしょうか？

少なくとも、時間が経てばどんな本もこの程度の印象しか残っていないものです。これってもったいないですよね。残念ながら人間の記憶は薄れていくものです。だからこそ記憶を残すための工夫が求められるのです。せっかく読んだ本を砂漠の砂のようにしてしまわないためにはどうすればいいか？　それは様々な手を加えておくことです。

人間の記憶が薄れるものである以上、頭だけに任せてはいられません。とするならば、**読んだ情報を加工しておいて、必要なときにすぐに取り出せるようにしておけばいい**のです。これが本を「使える化」するということにほかなりません。

以下では具体的な方法をお示ししますが、基本的に紙の本を前提にしている点、ご了承いただければと思います。電子書籍も加工できるようになってきていますが、まだまだ紙の本ほどは融通が利きません。それに、電子書籍になっているコンテンツも限られています。ただ、基本は同じだと思ってもらえばいいでしょう。

付箋や折り曲げでひと目でわかる

本を「使える化」するためには、一切の妥協は禁物ですし、躊躇してもいけません。できるだけ本を傷つけたくないのはわかります。ただ、本はきれいに保たれるより、読者の実になったほうが幸せだと思うのです。これは食べ物と同じです。食用の肉や魚はきれいに保つより、まさに人間の血や肉になったほうが成仏できるでしょう。

本も同じで、血や肉にするためには、いや、「知」や肉にするためには、きれいに保っていてはいけません。そこでたとえば、**まとめのある個所や引用すべき内容が掲載されている重要なページがあれば、私は容赦なく折り曲げます**。そのほうがすぐ探せるからです。大事なページをどこかに記入しておけば折り曲げずに済みますが、それでは書く手間がかかりますし、後で探すのにも時間がかかります。

本の使える化は、できるだけシンプルにするのがポイントです。その極地が折り曲げなのです。しかも遠慮してちょこっと折り曲げるくらいではいけません。それでは探すときにわかりにくいですし、ちょっとしたはずみで折り返しが元に戻ってしまうこともあります。だから大胆に3分の1くらい折り曲げておくのがベストです。

そうしてカスタマイズしきった本を眺めてみると、読み終えたというのが視覚的にもわかって、満足度が高まります。なにしろ折り曲げた分、本が厚くなりますから、見た目からして変わってしまうのです。意外とこういう達成感の可視化は大事です。本を読んでも、目に見えて変わることって少ないですからね。

ただ、図書館で借りた本など、どうしてもそんなふうにカスタマイズするわけにはいかない場合もあるでしょう。私も本を借りてきて作業しているときは、やむをえずポストイットのような付箋を貼ることにしています。付箋ならすぐはがせますから。

それなら自分の本にも付箋を貼ればいいと思われるかもしれませんが、それはダメです。なぜなら、付箋は長期の保存に向いていません。粘着部分が劣化して、はがれてしまうのです。逆にべたっとくっついたりすることもあります。それはいいのですが、その割には外にはみ出た部分が切れてなくなってしまったりというトラブルがあります。ということで、付箋はあくまで代替措置であり、一時的な作業用です。

私はかつてポストイット思考というのを提案したことがあるのですが、ポストイットはすぐにはがせる点に利点があり、そのために使うのがベストなのです。そしてそんな**ポストイットを思考に活用するということは、あくまで暫定的な思考のお供にすぎない**ということです。

何かにポストイットを貼って作業しているとき、私たちの頭はあくまで仮説の状態にあります。「仮にこうならこう」という発想です。そうして徐々に結論へと至るのです。ポストイットを使った有名なアイデア出しの手法にＫＪ法というのがありますが、まさにあんな感じです。ポストイットにアイデアを書き込んで、同じようなものをまとめていって、最後に結論を出すわけです。これは読書のまとめ作業でもまったく同じです。

躊躇ない線引きで記憶に残す

本の使える化で一番大事な作業は何かと言えば、やはり伝統的な線引きでしょう。どこにどう線を引くかで、本の価値が決まってくると言っても過言ではありません。何しろ、線は大事な箇所に引くわけですから。そして大事な箇所ほど後で使うことが多いのです。

最近の本は大事な箇所が太字になっていたりしますが、それほど気にする必要はありません。何が大事なのかというのは、人によって変わってくるからです。だから、**自分がアウトプットすることを考えれば、自分にとって大事な部分をマークしておかなければなりません**。そうしてはじめて本は自分にとっての価値を増すのです。

では、どういうふうに線を引けばいいのか？　これについては、まず線を引く武器が必要になります。私の場合、赤黒の二色ボールペンとシャーペンのハイブリッドペンを愛用しています。これには二つの理由があります。一つには、なんでも1本で済ませることができるからです。何本ものペンをいつも持ち歩くのは不便です。それでそのうちの1本を忘れてしまって作業ができないなどということになってしまっては、本末転倒ですから。

もう一つは三色という簡便さです。重要度のカテゴリーは三つがベストなのです。普通、重要、超重要です。英語にはon a scale of one to tenという10段階の程度を意味する表現があります。ディズニー映画「ベイマックス」で、ベイマックスが痛みを尋ねるときにお腹に映し出していたあれです。でもこれだと3と4や6と7はどう違うのかわからなくなるでしょう。そのときは覚えていても、時間がたったら自分が線を引いた記憶もあいまいになるものです。そこで10段階も基準があったら、いったいどれくらい重要だったのか、混乱するに決まっています。人間は私たちが思うほど複雑にはできていないのです。

さて、三色の使い分けですが、**基本はシャーペンで線を引き、大事なところは黒のボールペンで線を引きます。そして超大事なところは赤ボールペンで引きます。**これは最初から使い分けることもありますし、最初はシャーペンで引いておいて、その中から特に重要と思われる箇所を上からボールペンでなぞることもあります。シャーペンとボールペンだとこういう荒業が可能なので便利です。

そして単に線を引くだけでなく、記号も併用します。大事さはペンの種類で3種類に分類できるのですが、それをどう使うかという点に関しては、何らかの腑分けをしておく必要があるからです。大きく分けて、①引用のため、②趣旨を理解するため、③フレーズを使うため、④どこかで情報を使うための四つの区分があります。

①**引用は文字通りどこかでそのまま使う箇所**です。ここでは引用を意味する英語CitationのCマークをつけておきます。読書のアウトプットで一番効果的なのはこの引用です。歴史上の人物やその道の専門家が言ったことは、とても貴重な知の財産です。本はそうした貴重な知の財産を手軽に提供してくれるメディアなのです。

たとえば、ノーベル賞受賞者の言葉を聞くのは大変ですが、その人が本を書いてくれていれば、その本から言葉を得ることができます。それに歴史上の人物なら、もう本から言葉を得るよりほかありません。

また、引用というのは本からそのまま言葉を引いてくるので、とても説得力があります。「たしかこんなことを言っていました」というよりも、はっきりとかつ正確に言葉を伝えたほうがいいに決まっています。とは言え、引用にも弱点があります。特に哲学の古典などだと、そのままでは意味がわかりにくい場合があるのです。そういう場合は、難しい言葉の引用によってかえって混乱をきたすので、趣旨を伝えるくらいのほうがいいかもしれません。ケースバイケースだと思います。

なお、引用をする場合、いくつかの点に注意する必要があります。まず、引用が多すぎると、著作権を侵害することにもなりかねないということです。あるいは、なんと言っても引用ですから、正確でないといけませんし、どこから引用したかを明確にすることも怠ってはいけません。人の言葉を使うというのは、楽なように見えて、実は細心の注意を要する面倒な作業でもあるのです。

②**趣旨を理解するためというのは、著者がそこで一番言いたいことが何なのかを把握しておくということ**です。国語のテストで問題になるような部分のことです。これはPointのPマークをつけます。

趣旨ですから、引用ほど正確さが求められるわけではありませんが、やはり著者の言わんとすることを曲解しないように注意する必要はあります。どうしても自分の言いたいことの説得材料に使おうとすると、強引になりがちです。正確さが求められるわけではないがゆえに、そうした結果になってしまうことがあるのです。

テクニックとしては、「というふうに私は理解しています」とか「私なりに解すると」という枕詞をつけておくと保険になるでしょう。

③**フレーズを使うためというのは、引用まではしないものの、その本を説明するうえでキーワードになりそうなものがあれば、チェックしておくということ**です。これにはKeywordのKをつけます。

キーワードの見つけ方としては、タイトルに絡むもの、何度も出てくるもの、著者がキーワードと明示しているもの、見出しに出てくるもの等を拾えばいいでしょう。あるいは、自分の関心から大事だと思う言葉があれば、それをキーワードとしてマークしておきます。アウトプットの目的によって、その本の本筋とは違う部分に着目することはあるでしょうから、そういう場合は自分で選べばいいのです。

たとえば、私がかつて博士論文を書いていたとき、ヘーゲルの『法の哲学』という本の中に出てくる「国家」という言葉に着目していたので、それを全部拾ってマークしていったことがあります。実際にはドイツ語の原書を読んでいたので、国家を意味

〈情報整理のための四つの記号〉

記号	意味	目的
C	引用を意味する Citation から	引用する
P	ポイントを意味する Point から	趣旨を押さえておく
K	キーワードを意味する Keyword から	フレーズを使う
O	その他を意味する Others から	とりあえず有益そうな 情報としてストック

するドイツ語Staatという語を拾っていったわけですが。

④のどこかで情報を使うためというのは、**その他です。つまり、どこかで使えそうとか、何か気になるとか、感動したとか、とにかくいつかどこかで使えそうな有益な情報としてストックしておくということ**です。これはその他を意味するOthersのOマークをつけます。

私の場合、結構このマークが多くなります。というのも、使える部分が多ければ多いほど、それだけアウトプットに役立つということですから。マグロではないですが、頭からしっぽの先まですべて食べるのが理想です。だからできるだけたくさんマークして、下ごしらえしておくのです。

4つもマークがあると複雑に思えるかもしれませんが、慣れてくれば自然にマーキングできるようになるものです。ただ、慣れないうちはあまり記号を付けるのにエネルギーを注いで内容の理解がおろそかになっては本末転倒なので、本当に必要な場合だけに絞ればいいでしょう。たとえば最初から何かに引用するつもりでその本を読んでいるとすれば、Cマークに集中すればいいのです。あるいは、その本の概要を紹介するのが目的ならPマークに集中すればいいと思います。

アイデアを書き入れてノート化

線を引いたり記号を書いたりするのに加えて、最終手段ともいうべきものがメモです。つまり、**アイデアを書き入れてノート化しておく**ということです。この場合、別途ノートにまとめるなどというのは、時間の無駄です。それに本とノートが別々になるのも効率が悪いでしょう。だから本そのものにどんどん書き込めばいいのです。

書く内容は、感想でも疑問でも、アイデアでもなんでもいいと思います。ちょっと

〈本の「使える化」〉

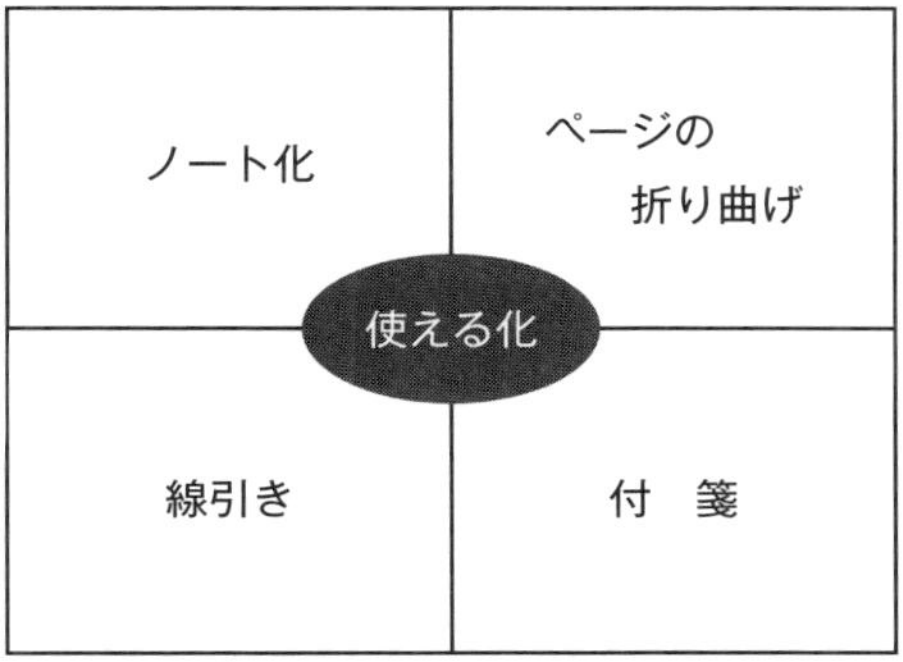

した情報の整理やまとめを書いておくのもいいでしょう。線と記号だけでは示せない事柄があるものです。それにその場で書いておかないと、忘れてしまうアイデアもあるでしょうから。

　実は私が一番好きな作業はこのノート化です。著者は迷惑かもしれませんが、著名な作家の本に書き込んでいくと、まるでその人とコラボレーションしているかのような感覚にとらわれます。

　反対の意見を書き込むときは痛快ですらあります。「おい、司馬遼太郎さん、これは間違ってるよ」なんてなかなか言えませんからね。でも、本当に違うと思えば、そう書き込むよりほかありません。これは相手がいかに偉大な歴史上の人物であっても同じです。「カント、ここはおかしい」なんて書けたらどんなに気持ちがいいか。

また、私はなんでも図示するのが好きなのですが、これもすぐにやっておかないと忘れてしまいます。ですから、思いついたらその場でそのページにさっと書き込むのです。余白が小さいのでどうしても小さな絵になりますが、必要なら表紙の裏などを使えばいいと思います。

私は昔からノートをとるのが苦手で、嫌いでした。せっかく教科書があるのだから、それを補足する意味で教科書に書き込めばいいと思っていたのです。ですから、今はそれを実践しているわけです。

クリアファイルで情報を持ち歩く

Ａ４用紙１枚にまとめる

基本的には情報はすべて本に書き込んでおくのですが、**どうしても必要なときは、Ａ４用紙１枚にまとめる**ことにしています。全体の見取り図を書いたり、アイデアをフローチャート化したものをつくるような場合です。これも時間をかけるのではなく、あくまでアイデアを手書きでさっとメモしておく要領です。

Ａ４用紙１枚というのは、簡便さと同時に、自分の頭にある程度のプレッシャーをかけるメリットがあります。というのも、長々とまとめるのは簡単ですが、短くまとめるのは難しいものだからです。たとえば２００ページある１冊の本をＡ４用紙１枚にまとめるのは、至難の業です。よほど内容をしっかりと理解していないとできません。でも、だからこそしっかりと理解しようと努めるのです。私は常にA4用紙1枚しかスペースがないと思っていますから、それだけですべてが理解できるように読もうとする癖がついています。そうなるとしめたものです。

そうしてまとめたものをクリアファイルに入れて保存しておきます。これならたいしてかさばりません。スキャンしてデータ化しておいてもいいですが、もともと手書きでさっと書いたアイデアですから、追加の情報も同じように手軽に書き加えられる状態のほうがいいのではないでしょうか。アナログ人間のように思われるかもしれませんが、私はそのときどきで身の回りにあったあらゆるものから記憶を喚起する習慣があります。したがって、紙についたコーヒーのシミなどが非常に重要になってくるのです。これはデータにはない強み、いやシミです。

さて、ここまでするものは、決して永久保存用ではなく、まさに当面取り組む内容ですから、常に持ち歩くくらいがいいと思います。そして思いつくごとに情報を付加していくのです。私も常に10枚くらいのアイデアメモを持ち歩いています。100枚にもなると分厚くなって持ち歩きも大変でしょうが、同時並行で取り組んでいる企画ですから、せいぜい10枚程度の分量になると思います。これだとクリアファイルに入れてもわずか数ミリの厚さです。スケッチブックを持ち歩く感覚に似ています。

なお、役に立つけれど書き写すのが大変な図や、解釈に時間がかかる箇所など、どうしてもあるページを持ち歩きたいときは、携帯のカメラで記録しておきます。これならどこにいても一瞬でスキャンできますし、保存も楽ですから。

本以外のメディアで情報を補う

新聞やネットで最新情報にバージョンアップ

本を読みながら、あるいは読んだ直後に、同時に新聞やネットで情報を補っておくと効率的です。本はどうしても情報が古くなるものです。特に、テクノロジーがらみの本を読んだような場合は、現時点での最新の情報を補っておいたほうがいいでしょう。

このときも、本とは別に情報を保存しておくと探すのが大変になるので、やはり本に書き込んでおくのがベストです。情報が多いなら、新聞や雑誌の切り抜き、あるいはウェブページのプリントを関連するページにはさんでおくのもいいでしょう。

時事的なものを扱った本は雑誌のように使い捨てられる傾向がありますが、せっかく「使える化」してあるのですから、むしろそれをベースに自分でアップデートしていったほうが価値が高まるとさえ言えます。

本は長方形で、同じサイズのページが収まっているものと決めつける必要はまったくありません。そこに新聞の記事が貼りつけてあろうが、WEBの記事が貼りつけてあろうが、一向に構わないわけです。むしろ色んなものをくっつけたほうが、個性が出るのではないでしょうか。

テレビ番組表で関連情報を録画

テレビ番組も読んでいる本に関連する内容のものがあれば見ておくべきです。そのために、週に1回は番組表をざっと見て、関連する番組を録画しておくといいでしょう。特に流行りの話題は、テレビでも必ず特集しますし、また**本とは違う切り口で紹介してくれるので、情報を補うのにはもってこい**です。

ＮＨＫの「クローズアップ現代」などは、扱う話題も広範にわたっているうえに、取材のレベルも高いので、毎回録画しておくといいでしょう。個人的には、NHKのEテレで放送される特集が役立つことが多いです。

たとえば比較的最近だと、フランスの経済学者ピケティの『21世紀の資本』（みすず書房）を読んだ後、Eテレでやっていた彼の講義を観ながら、本にメモを書き込んだりしました。こういう作業は、本とテレビなどの他のメディアのコラボみたいなもので、なかなか面白いものです。私はやっていませんが、Eテレの「100分de名著」という名著を紹介する番組に合わせて、本を読んでみるのもいいかもしれません。特に哲学の古典などはそういう導きがあると読みやすくなりますから。

ドラマ化や映画化された原作を、そのドラマや映画と比較する形で読んでみるのも面白いと思います。私もたまにやりますが、原作を先に読むとたいていドラマや映画にがっかりさせられます。やはり2時間程度で描くとなると、省略せざるを得ない部分が多々出てくるのでしょう。あるいは私の想像力が勝っているのでしょうか⁉

YouTubeでシンポジウム等も確認

読んでいる本がベストセラーや話題の書なら、必ずと言っていいほど、それに関する講演やシンポジウムのようなものが開催されます。もちろん小規模なものもあるでしょうが、中には著者や一流の学者などが討論に参加している場合もあります。そういう情報をネットで検索して、見たり聞いたりしておくこともお勧めします。

このようなシンポジウムは学術的なものが多いので、自分ではそこまで掘り下げられないような読み方を知ることができます。

ベストセラーや話題書に限らず、読んでいる本のテーマが扱われているようなシンポジウムでもいいでしょう。こういうのはキーワードを検索すればたくさん出てくるはずです。実際にライブで聞きに行けなくても、YouTubeなどでアーカイブがあるはずですから、それを見るだけで十分です。私の場合は、海外の大学やシンクタンクで行われるようなシンポジウムをYouTubeでくまなく検索して見ています。

特に海外だけで話題になった本については、テレビでは情報が得られませんから、ネットで見るよりほかないのです。たとえば、ちょっと前にアメリカで宗教学者レザー・アスランの書いた『イエス・キリストは実在したのか』（文藝春秋）（原題は『Zealot』）がベストセラーになって、大論争が巻き起こりました。アスランがイラン系アメリカ人でイスラム教徒のため、余計に議論が白熱したのです。

ところが、宗教にあまり関心のない日本では、キリストが実在したかどうかは大して問題にはならないので、まったく話題にならなかったのです。そこで私は原作を読みながら、必死にYouTubeで海外の論争をフォローしました。

キーパーソンはネットで調べる

本で出てきたキーパーソンについては、少なくともネットでよく調べておくといいでしょう。あるいは自分が知らない人で、常識のように書かれている人についても同じです。せっかく本で出逢ったのですから、一期一会の精神でこの機にしっかりと調べておくのです。それはアウトプットの際に役立つだけでなく、今後知ったかぶりをしなくて済むためにも重要な作業だと言えます。

人名だけでなく、地名や歴史的な出来事も調べておくといいでしょう。今「一期一会」と書きましたが、映画「フォレスト・ガンプ／一期一会」の原作小説には、映画同様アメリカの歴史上重要な人物や出来事がたくさん出てきます。こういうとき、読書中あるいは少なくとも読後にしっかりと調べておくと、以後の人生で役に立ちます。ジョージ・ウォレスやブラック・パンサーといった用語に次いつ出くわすかわかりませんから。まさに一期一会なのです。

読んだ内容を整理しておく

体系図で頭の中を可視化する

先ほどA４の紙１枚にまとめるという話をしましたが、自分が読んだ本については、簡単なものでいいので体系図にして整理しておくといいでしょう。**これはその本の内容を一瞬で思い出すための魔法のツール**でもあります。

目次を見てもなかなか全体を思い出すことはできませんが、こういう全体図なら、一目見ただけで全体をすぐに思い出せるものなのです。一つは自分で書いたということもありますし、もう一つは視覚的なもののほうが印象に残りやすいからです。だから体系図がいいのです。要は自分の理解を頭の中で可視化しておくということです。

ピカソが本を書いたとしても、私たちがその内容を思い出すのは時間がかかるでしょう。でも、ピカソの描いた絵を見れば、二度と忘れることはないはずです。

結局何の本なのか、一言でまとめておく

体系図は自分の記憶の喚起には適していますが、あくまで図ですから、人に言葉で説明するのには不向きです。そこで、本全体を一言で表せるように整理しておきましょう。これは人に説明するときも便利ですし、自分の記憶にとっても役立ちます。たとえば、私の最初の本『市役所の小川さん哲学者になる―転身力』（海竜社）であれば、「小川仁志が自分の半生記を紹介しながら、転身するためのノウハウを綴った自己啓発書」となります。ヘーゲルの『精神現象学』なら、「意識が様々な経験を経ることで成長し、なんでも見通すことのできる絶対知にまで到達するプロセスを描いた近代哲学の金字塔」といった感じでしょうか。

コツは、**この一文で誰にでも内容を理解してもらえるようにする点**です。簡単すぎて内容を取りこぼしてもいけませんし、難しすぎてわけがわからないのもダメなのです。

自分の意見を加える技術（要約＋意見＝アウトプット）

反対意見で自分らしいアウトプットに

プレアウトプットの最後に、自分の意見を加える技術についてお話ししておきたいと思います。というのも、**アウトプットとは、「読んだ本の要約＋自分のオリジナルな意見」で構成されるもの**だからです。

たとえそれが単なる本の紹介であったとしても、そのまんま要点を拾い出しただけではあまり意味がありません。私もよく本の紹介を頼まれるのですが、そういうときは要約だけでなく、最低でも2割は自分の意見にするようにしています。

せっかくほかでもない自分が紹介するのですから、その「自分」という部分が表現されないようではやる意味がありません。別の誰かがやればいいのです。本の紹介を読む方も、紹介する人ならではの表現を期待します。まして本の紹介どころか、その本の内容を使って何かアウトプットするということなら、自分の意見をどう組み立てるかがすべてだと言っていいでしょう。

とは言え、その作業はそう簡単ではありません。いったいどうやって自分の意見を組み立てればいいのか？　**ポイントは「あまのじゃく」になることです。つまり、わざとひねくれる**のです。およそいかなる本も、本になるくらいですから、立派なことが書いてあるにきまっています。しかも説得的に。その道の専門家が書いたような本なら、素人が言うことはもう何もないでしょう。ただただ納得するだけです。

でも、それでは自分の意見が出てきません。そこでひねくれるわけです。とにかく、どんなにすごい本でも、その内容にケチをつける。一番簡単なのは、反対のことを言ってみるというやり方です。そうすると、どんなことにも一応違うことが言えます。そしてさすがに反対までは言い過ぎだと思えば、ちょっとトーンダウンすればいいのです。多くの書評はこのパターンです。

もちろん本の内容に同感というのもありですが、単純に同感というだけでは意見として物足りません。そこで、やはり少しだけケチをつけるのです。たとえばＡＩはすごいという内容の本を読めば、ＡＩは危険だとか、たいしたことない、人間を超えることはできないなどというふうに言えばいいのです。根拠もいりますが、それは次のステップです。まずは「あまのじゃく」になることから始めてください。

インプット

第2章

すぐに情報が取り出せる読書法

プレインプット

第2章では本を読む方法についてお話ししていきます。いわゆるインプットの方法論です。効果的にアウトプットするためには、効果的にインプットする必要がありますから。

もっとも、その前にプレインプットともいうべき段階があるので、それについて先にお話ししておきましょう。いわば、本を読む前の段階です。アウトプットの前のプレアウトプットが大事だったように、インプットの前のプレインプットも大事な段階ですので、ぜひ頭に入れておいていただきたいと思います。

本を選ぶ視点

皆さんはどうやって本を選びますか？　たとえば次のようなものが考えられるのではないでしょうか。話題になっている、売れている、賞を取った、推薦された、著者に興味がある、表紙が気に入った、わかりやすそう、本屋でたくさん並んでいた、知りたいテーマが取り扱われていた、値段、出版社、出版年……。

だいたいこんな感じだと思うのですが、結構複数の要素が絡むこともあります。たとえば、話題の書で、わかりやすそうで、安かったとか。困るのは、複数の選択肢があるとき、どうやって選ぶかです。あるテーマの本を探しているときなどに、こういうことが起こり得ます。流行りのテーマは各社が競って本を出すので、どれを読めばいいのかわからないのです。

後で紹介しますが、あるテーマについて学ぶなら複数読むのがベストです。ただ、どうしても1冊というのなら、表やグラフをつくることをお勧めします。**複数の要素をレーダーチャートのようなグラフにして、どれが一番いいか視覚的にはっきりさせ**

〈本を選ぶためのレーダーチャート例〉

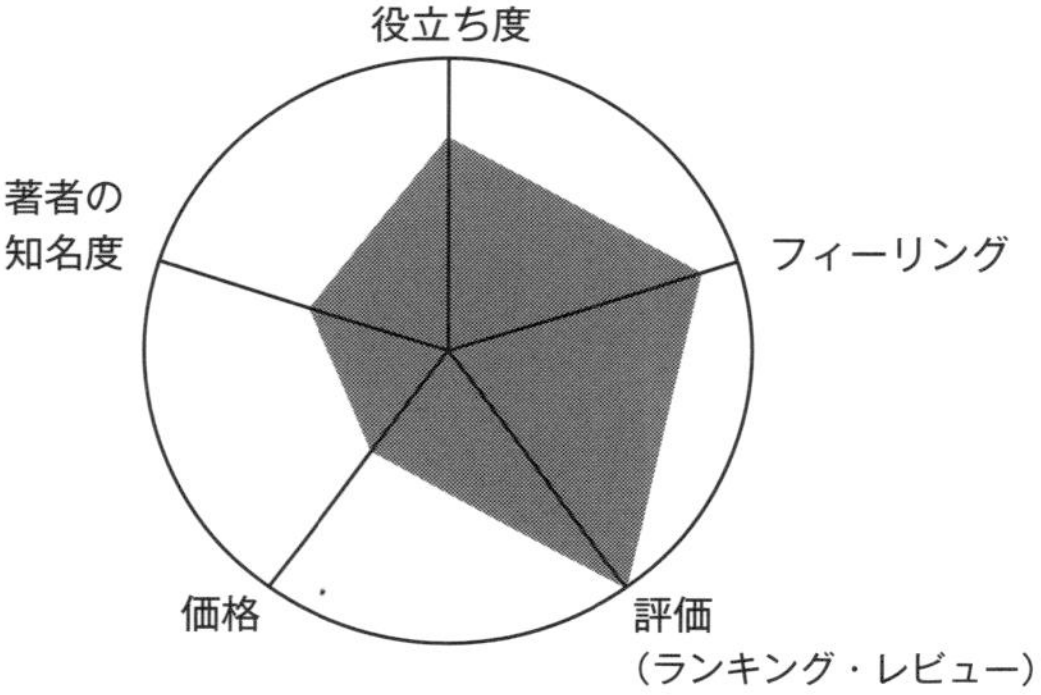

るのです。役立ち度はこっちだけど、著者の知名度はあっち、評価はこっちというふうに。

一般には、目的によって選ぶ視点が決まってくるように思います。とにかくあるテーマの概要を把握したいなら入門書、どこかで話題にしたいなら売れている本、引用したいなら権威のある人が書いた本、知的な気分に浸りたいなら古典、誰かと共通の話題にしたいならその人に紹介された本、自慢したいならマニアックな本というふうに。

ちなみに、私が一番重視するのはフィーリングです。どの要素も大事ですが、最後はわざわざ時間とお金を使って読む気がするかどうかという点です。図書館で借りるにしても、本を読むというのは相当のエネルギーを要する営みですから、それに値するものでなければいけません。だからフィーリングが大事なのです。これは好きか嫌いかという意味ではありません。**読もうと思えるかどうか**です。

外国の本を買うときなどは、半分くらいフィーリングで選んでいます。私の場合、英語や中国語で書かれた本を買うことが多いのですが、中身もさることながら、表紙に惹かれて買うことすらあります。それで読む気になるから不思議です。そういうときは、本を出している側の立場から、装丁の大切さをあらためて認識します。ちなみに、読めない言語の本を買うこともあります。なぜか？　これはもうまったくのフィーリングです。で、飾っておくのです。写真集の感覚ですね。それでもインスピレーションを得たり、逆にその言語に興味を持って、少し調べたりすることもあるので、無駄にはなっていません。

余談ですが、私が本を選ぶ際のちょっとフェチな基準をこっそりお教えしましょう。それは、なんと匂いです。どの本にも独特の匂いがあります。インクと紙の匂いなのですが、それを嗅ぐのです。これもちょっとした基準になっています。はずかしいので、誰も見ていないときに一瞬さっと嗅ぐのですが、もし見つかっても大丈夫です。きっとド近眼だと勘違いするでしょうから。まさか匂いを嗅いでいるとは思わないはずです。

本の入手方法

最近は本の入手方法も様々です。基本は書店か図書館、そして今ならネットでしょう。その他友達や知人から借りる、もらうというのも結構ありますね。新品か古本かによって、書店も変わってきます。外国の図書ならネットがメインになるでしょう。私はよほど決まった本以外は、自分で中身をしっかりと見て決めたいので、できるだけ現物に触れるところに行きます。

そうすると、必然的に大手の書店ということになるのです。**買うこともできるし、図書館で借りることもできるという場合は、買うことを優先**します。なぜなら、本はできるだけ「使える化」したいからです。書き込んだり、折り曲げたり。あくまでアウトプットのための資料なので、手元に置いておきたいということもあります。それでも入手不能のものは、図書館で借ります。

大手書店では、まずベストセラーや新刊を並べているコーナーがあるので、そうしたコーナーでトレンドをチェックします。ものすごく大きな書店だと、ジャンルごとにそうした売れ筋を並べた棚があるので、そこもチェックします。さらに、新書や文庫、雑誌など、本のタイプごとに作られたコーナーにも行きます。ここでもたいていは新刊や売れ筋を確認しておきます。

その後、ようやく自分の目当ての棚に行きます。哲学や思想のコーナーに行くことが多いのですが、そこは取り組んでいる仕事によって様々です。そのとき芸術論に取り組んでいるとしたら、芸術書のコーナーに行くわけです。

なお、私の場合物書きなので、大きな書店では本のほかに人にも注目しておきます。つまり、どういう本にどういう人たちが興味を持っているのか、お客さんがよく手に取る本も観察しておくのです。ある意味で、アウトプット読書術にとっては重要な視点です。

いずれにしても大手書店は私にとって動物園や遊園地と同じで、一日時間を過ごせるテーマパークだと言っていいでしょう。ですから月に1回はじっくりと時間をかけて回るようにしています。新刊もだいたい月に1回くらい入れ替わる時代なので、少なくともこれくらいのペースで確認しておく必要があるのです。私の本も幸い毎月のように出していただいているので、それを確認しに行くという目的もあるのですが。

小さな書店は小さな書店でまた利点があります。私は田舎に住んでいるのと、忙しいのとで、なかなか大手書店に足しげく通うわけにはいきません。ところが、小さな書店なら帰宅途中などにさっと立ち寄ることができます。そして**狭いので、短い時間でトレンドを把握することができる**のです。そう毎日トレンドが変わるわけではありませんが、週に1回くらい覗いていると、多少の変化はあるものです。小さな書店ではそういう小さな変化を確認します。

何より小さな書店では意外な出会いがあります。そういう偶然の出会いによって掘り出し物を見つけることをセレンディピティといいます。小さな書店では全体をざっと見ることができるので、普段自分が関心を持っていないような本にも目がとまることがあり、まさにセレンディピティで新発見をすることが可能になります。そうして新しい世界を知ることができるわけです。

古本屋に行く目的は、目当ての本を探す場合と、掘り出し物を探す場合の二つがあります。先ほどのセレンディピティです。目当ての本を探す場合というのは、もう絶版になっていたりして、古本屋にしかないようなケースです。古本屋もネットなどで情報を公開している場合があるので、そういう情報をもとに訪ねて行ったりします。ネットでそのまま購入できる場合は購入しますが、そういう古本屋には似たような本もあるはずなので、できるだけ見に行くようにしています。

これは二つ目の掘り出し物探しです。古本屋は小さな書店と違って、同じセレンディピティでも、とんでもない希少価値のある本や、出会うはずのないような本との出会いがあるものです。それはもう恐竜の発掘、いやタイムマシーンに乗って別の時代に遊びに行くのにさえ似ています。

実は古本集めは私の趣味でもあります。まったく仕事とは関係のない、興味さえもない変な本を見つけては買っていくのです。なぜかというと、そうすることで自分の世界観を広げることができるからです。さらに、そうした本を書棚に置いておくと、コミュニケーションのきっかけにもなります。たとえば、先日葛飾北斎の高級そうな画集を超安値で買いました。すると、あるお客さんが北斎のファンで、それで話がはずんだのです。こういう副産物も期待できるわけです。

外国図書については、書店の場合限られますが、海外に行けばいくらでもあります。ですから、私は海外に行くたび、必ず大きな書店に立ち寄ることにしています。読める言語は英語、中国語、ドイツ語、フランス語と限られていますが、たいていは英語か中国語のものです。アメリカにはよく行くこともあって、大手のバーンズ&ノーブルでは会員にもなっています。割引があるからです。

ネットでの購入は、田舎に住んでいることもあって、実際には購入点数としては一番多いです。ネット購入するのは、基本的に中身を確認する必要のないものです。定期的に購読しているものや、シリーズもの、あるいは話題の書で、中身にかかわらず読まなければならないものといった感じです。書店では手に入りにくい外国の図書も基本的にはネットで購入します。著名なものであれば、外国語の本を置いている大手の書店にもありますし、ちょうど海外に行く用事があるときは現地で買うこともありますが、やはり海外のものはネットが便利です。

図書館で借りる場合は、もちろんお目当ての必要な本がある場合です。しかも書店では購入できないものがほとんどです。購入できる本は可能な限り購入して、「使える化」しておきたいからです。そんなことを言うと、お金のない人はどうなるのかと言われそうですが、私はお金がないときも本の購入だけは最優先してきました。ほかのものを買うくらいなら、本を買ったほうがいいと思うからです。

ただ、それでも何もかも買えるわけではないので、その場合は図書館で借りればいいと思います。私も**高い本や一部しか読まない本、そして古い本など購入できないものについては、やはり図書館を利用します。**

このように図書館ではお目当ての本を借りるのが基本なので、検索機能を使って一目散にその本のところに行くわけですが、図書館でもセレンディピティがないかというと、そんなことはありません。たとえば、自分が探している本を見つけたとき、その周辺にはたいがい似たような本があります。そこで、よりいい本を見つけることもあるのです。こういうときは本当に幸せな気分になります。

人から借りる場合は、自分が選ぶことは稀です。どうしても借りたければ借りますが、基本的には読んでみてと勧められた場合のみにしています。知人とのコミュニケーションや情報共有のために借りますが、強制的に読まされるわけですから、あまり楽しいものではありません。でも、**だからこそ自分では知ることのできない世界を知る機会になった**と思って、前向きになるようにはしています。昔友人が、なぜか遠藤周作の『深い河』（講談社）を餞別にくれたので、読まざるを得ませんでした。正直、遠藤周作の本をきちんと読んだのはあのときだけです。その意味では友人に感謝しています。

本を読む目的の設定

当たり前のことですが、なんでも目標を設定すると効率がよくなるものです。ただ漫然とやるのとは大違いです。だから読書も目的を設定する必要があります。たとえば、何か具体的な情報を得るために読むのか、知識を身につけて賢くなるために読むのか、それとも企画をつくるために参考にするのか、あるいは純粋に楽しむだけというのもありでしょう。

とにかく何か目的を設定するのです。そうすることで、読み方にもメリハリがきいてきますし、目的をより効率的に達成することができます。たとえば、ある情報を得ると明確に決めて読むなら、その情報に関する箇所だけ重点的に読んで、あとは飛ばし読みということもできますし、その本の全体の趣旨を知りたいということなら、まとめが書いてあるような部分を中心に読み、かつそれをつなぎ合わせて要約をつくる感じで読み進めていくのがいいでしょう。

とりわけアウトプットのために読書をする場合は、目的なしに読むということは考えられません。逆に言うと、アウトプットするためには必ず目的を設定してください。たとえば、スピーチをするために参考にするというのと、読書感想文を書くために読むというのとでは、読み方がまったく異なってきます。前者はざっと概要を押さえて、いいフレーズを2、3ピックアップするくらいでいいですが、後者の場合だとかなり詳細に筋を追っていかなければなりません。もし後から目的を変えると、一から読み直す羽目になってしまいかねません。ですから、この本はどんなアウトプットのために読むのかというのは、プレインプットの段階で慎重に考えておかなければならないのです。もちろん複数の目的を設けることはなんら問題ありません。

中には、純粋に楽しみたいだけということもあるでしょう。そういう場合はとにかく楽しめるときに読むというのがベストです。期限のある勉強のために読むときはコンディションを選んでいられませんが、楽しみたいときは気がかりなことがあってはいけません。せっかく旅行に行っても、楽しめないのと同じです。このように、純粋に楽しみたいときでさえ、目的を明確にすることでベストな読み方が決まってくるのです。

スケジュールの立て方

プレインプットで目的設定に次いで大事なのが、このスケジューリングです。本を読むのには時間がかかります。忙しい毎日を送りながら、1冊1冊丁寧に本を読んでいては、せいぜい月に1冊読むのが精いっぱいです。いや、もっとかかるかもしれません。でも、それだと一生のうちに読める本の数はかなり限られてきます。

特にアウトプットすることを考えると、ある程度数を読む必要が出てくるでしょう。また逆に、アウトプットが目的なのであれば、すべての本についてそんなに時間をかける必要もありません。

そこで、読む本によって的確にスケジュールを設定することをお勧めします。つまり、**何日間で読むか、あるいは何分で読むか、またどの時間帯を使って読むか**です。もちろんこれはその本を読む目的によって変わってくるわけですが、それだけでなく、アウトプットの締め切りがあればその都合や、本の手ごわさによっても変わってくるでしょう。

本の手ごわさというのは、どれだけの分量かということと、どれだけ難しいかということです。分量が多ければ、当然時間がかかります。それから、難しい本はいくら薄くてもやはり時間がかかるものです。まして洋書なら、英語の苦手な人はかなり時間を要するでしょう。

あとはその時期の自分の忙しさと疲れ度も考慮する必要があります。本を読むのは自分ですから、どういう本かということだけでなく、それに対峙する自分のこともよく考えなければならないのです。疲れているときは、いくら読んでも文字が頭に入ってこないものです。そして言うまでもないことですが、スケジュールは余裕をもって立てておかなければなりません。思い通りに読める日ばかりではないからです。人間何があるかわかりません。スケジュールに縛られて本を読むことがストレスになってしまっては元も子もありませんからね。

1冊の本の読み方

早くペースをつかむ

それではいよいよ具体的な読み方についてお話ししていきましょう。まず早くペースをつかむことです。これはどんな本を読むときにも共通して言えることです。アウトプットを重視するなら、早く読めるに越したことはありません。そのためには、本のパターンやリズムをつかめばいいのです。

本を読むという営みは、その著者と対話するようなものです。ですから、**相手の言っていることや、話のレベルが把握できると、楽に読めるようになる**のです。人とコミュニケーションするときのことを思い浮かべてもらえばいいのですが、初対面の相手とは、最初は探り探りで、うまく話せません。しかし、しばらく話しているうちにペースがつかめて、よりスムーズにコミュニケーションできるようになるはずです。それとまったく同じなのです。

だから最初は丁寧に読めばいいでしょう。まえがきと1章くらいが目安です。その間にペースをつかんで、後は必要に応じてメリハリをつけていけばいいと思います。だいたいまえがきにはあらすじが書かれていることが多いですし、大切なことは第1章に書かれていますから、そこで全体像がつかめるのです。だから第2章以降は加速可能なわけです。

内容を早く知ることを最優先するなら、どういう本なのかあらかじめ情報を得ておいて読むという手もあります。これはいわばあらすじを知ってから映画を観るようなもので、面白さは半減しますが、確実に内容を早く知ることが可能です。

ネット上にはそうした本の情報があふれていますから、どんどん利用すればいいのです。ただし、ネットの情報は玉石混交で、かつあくまで他人の感想ですから、参考程度にしておくべきであることは言うまでもありません。

まえがき・あとがき・目次は必須

本を効率よく読むためには、最初にまえがきとあとがき、そして目次をチェックしておくといいでしょう。まえがきには本が書かれた経緯と本の趣旨が、そしてあとがきには簡単なまとめがあるものです。そして目次は本の設計図みたいなものですから、全体構造が一目でわかります。全体の構造さえわかれば、どういう本かも把握できますし、どこを中心に読めばいいかもわかるのです。

すごく極端なことを言えば、どういう本か知りたいだけなら、これだけでもう十分でしょう。目的によってはこういう読書の仕方もありなのです。あるいは、その結果必要だと思った章だけ読んでもいいでしょう。これはアウトプット読書術の究極の方法です。

キーフレーズ中心に志向性を持って拾い読みする

全体を読む場合でも、精読するのではなく、**キーフレーズを中心に拾い読みする**という方法もあります。志向性を持って読むということです。これもまたアウトプットのための読書術ですが、効率がいいのは間違いありません。特に、引用が必要なら、テーマになっているキーフレーズのある個所がベストですから、一石二鳥です。

キーフレーズの見つけ方は、プレアウトプットのところでも少し触れましたが、何度も出てくる語や、見出しに出てくる語に着目するといいでしょう。ほかにも、帯がついている本なら、帯にキーフレーズが羅列してあることがありますから、そこに着目するという方法もあります。これなら誰でも簡単にキーフレーズを探すことができるでしょう。

もちろんほかの箇所も重要ですが、効率と天秤にかける必要があります。あるテーマに関する本を短い時間で複数読むとすれば、こういう方法を取らざるを得ません。人生の時間は限られています。その現実を直視する必要があるのです。よく完璧主義ですべての箇所をしっかり理解しながら順番に読み進めようとする人がいますが、それはアウトプット読書術にとっては大敵です。

少し厳しいようですが、あえて書かせてください。というのも、学生のレポートを見ていても、完璧を目指そうとするパーフェクショニストはだいたい締め切りに間に合いません。それだとどんなに優れたレポートでも評価はゼロです。それなら、ある程度で妥協して出すほうがよほどいいのです。そして時間があれば、もう一度読み直したり、補ったりすればいいわけです。

こういう発想を哲学の世界ではプラグマティズムといいます。アメリカの思想で、うまくいけば正しいと考える発想です。だからあらかじめ完璧に用意することなどないのです。とにかく走りながら改善していくということです。それでうまくいけばいいじゃないかと。アウトプットが求められている場合は、ある程度効率を考えた読み方をしなければなりません。そうでないと提出できないからです。

そういえば、プラグマティズムの完成者と言われるジョン・デューイは、知識は道具だと言っています。とりわけアウトプットを目指す場合、本はあくまで道具なのです。目的ではありません。アウトプットを求める方は、ぜひパーフェクショニストではなく、プラグマティストになることをお勧めします。

速読の方法

読む速度を上げるためには、速読をすればいいと言われます。そのための方法も数多く開発されています。いわゆる速読術です。私も実践することがあります。ただし、人間が情報を摂取する速度には限界があります。ですから、どんどんスピードを上げていけばいいというものではありません。

フランスの思想家パスカルは面白いことを言っています。「あまり速く読んでも、あまりゆっくりでも、何もわからない」と。だからほどほどの速度がいいのです。その中でもできるだけ速く読むということです。

そこで私がお勧めするのは、見出し読みです。たいていの本には数ページに一つくらい見出しがあります。その**見出しをしっかりと理解し、あとは全体を眺めるようにざっと読んでいく**のです。そしてその際、見出しの内容が書いてあると意識することが大事です。そうすると、ただの文字の羅列ではなく、中身が自然と頭に入ってくるものなのです。

本の見出しはかなり知恵を絞ってつくられていますから、それだけでも相当の情報になります。もちろん見出しがない本もありますが、そういう本は小説をはじめ速読に向いていないものが多いです。ですから、速読はあくまでビジネス書などの情報の提供を主としているものに限定するのがいいでしょう。

精読の方法

これまで飛ばし読みのテクニックのようなことばかり書いてきましたが、アウトプットするには、精読が求められることもあります。1冊の本を本当に理解し、しっかりと論じなければならないようなときは、精読するしかないのです。

そして当然、私はこれが一番いい本の読み方だと思っています。その他の読み方は、精読する時間がなく、やむを得ない場合の次善の策としてお勧めしているにすぎません。さて、それではどのようにして精読すればいいのか。

これもただ一字一句時間をかけて読んでいけばいいというものではありません。そうではなくて、メリハリをつけて考えながら読む必要があるのです。一言でいうとクリティカル・リーディングが求められるということです。

精読は全体をしっかりと読むことに間違いはないのですが、すべての箇所を同じ比重で読む必要はありません。そうではなくて、**大事な箇所は徹底的に時間をかけて読み、それ以外は一通り目を通す**ということでいいのです。そうでないと逆に意味がありません。

大事な箇所というのは、本によっても読む目的によっても変わってくるでしょう。ただ、自分がわからないところや、アウトプットの目的に鑑《かんが》みて関係ありそうな箇所は必須です。そういうところに時間をかけてください。

そして先ほども書いたように、時間をかけるというのはクリティカル・リーディング、つまり批判的に読むことです。この場合の批判はけなすということではありません。吟味するということです。どういう内容なのか、文章の背景にあるものは何か、作者の意図は何かというところを考えながら読むということです。その意味で、精読とは思考にほかなりません。

難解な本の読み方

難解な本をどう読むか？　これはただ精読すれば理解できるというものではありません。難解な本というのは、いくら字面だけを追っても理解できないようにできているからです。そもそも本が難解だということは、文章が難解だということです。そして文章が難解である理由は二つあります。一つは、論理構造が複雑であるため。もう一つは、背景知識がないとわからないような記述になっているためです。

さて、最初の論理構造が複雑なものについては、これはじっくり時間をかけて、様々な解釈を試しているうちに、わかってきます。その場合、もちろんその一文だけでなく、前後の文脈を考慮する必要はあります。でも、時間をかけてよく考えれば理解不可能ではありません。

問題は二つ目です。つまり、背景知識が求められているような場合には、もういくらその本と格闘しても時間の無駄です。そういうときは、すぐに背景知識に当たる必要があります。逆に言うと、**その本だけ読んでいても理解できないものが、背景知識**

を別途学習することで、楽に理解できるようになるのです。

たとえば、ミラン・クンデラの『存在の耐えられない軽さ』（集英社）は、映画化された作品とは別物かと思われるほど難解です。なにしろいきなりニーチェの永劫回帰の話から始まるのです。しかも、読み手がそれを当然理解しているものとして書かれています。ですから、いきなり躓《つまず》くわけです。こういうのは、もうニーチェの思想の概念を調べてから読むよりほかありません。

古典の読み方

難解な本と同じように苦労するのが、古典です。文学の古典はそれほどでもありませんが、哲学の古典は最悪です。そもそもなぜ古典と呼ばれるかというと、それだけ時代を超えて読み継がれているからです。ということは、そんなに簡単なものではなく、結構考えさせられる内容なわけです。

基本的に、古典は難解だと言えます。古典だけに古いということも災いしています。古いと時代背景がわからなかったり、言葉遣いが今とは違ったりするのです。それも難解に感じる理由の一つです。

そして内容が難解であるという点においては、先ほど紹介した難解な本の読み方とまったく同じことが当てはまります。ただ、古典であるがゆえに救いもあります。誰もが読んでいるので、結構解説が出回っていることです。その古典を読むための手引きや入門みたいなものもあります。たとえば、ヘーゲルの『精神現象学』は難解な哲学書として有名、いや悪名高いわけですが、その分多くの解説書や入門書がありま す。ですから、**古典の場合は、こうした導きの書をうまく使いながら読み進める**といいでしょう。

とりわけ哲学の古典の場合、常々私は次の3つの読み方があると言っています。①小説のように純粋に楽しむ、②テキストのように解釈しながら読む、③自己啓発書として理解できるところだけ身につける。

①は普通は困難でしょう。最初からそんなふうに読めるものもまれにありますが、たいていはかなりの知識と経験を要します。かなりの修行を積んできた私でも、哲学書を小説のようにすらすら読むことはできません。もちろんそれでも雰囲気を味わうことは可能ですが。

②は大学でよくやる読み方です。でも、これは時間がかかるうえに、指導してくれる人がいないと独りよがりになりがちです。途中で挫折してしまうかもしれません。ですから、先ほど紹介したような解説書や入門書をうまく活用することが必要です。

そこで私が一番お勧めするのは、③の自己啓発書として理解できるところだけ身につけるという読み方です。これなら一人ですらすら読めます。別途解説書を買う必要もありません。わかるところだけ読むのですから。全体の字面は追いますが、①との違いは、全部を理解しようとしない点です。これなら最初からわかる部分だけでいいと割り切っているので、ストレスもありません。

ただし、この場合はあくまで自己啓発としての読み方になります。わかるところだけ拾い読みするということは、その哲学古典が書かれたそもそもの趣旨を度外視しているわけです。そして、役立つところだけ吸収していくというのですから。

こんなことを言うと、哲学者のくせに邪道だと思われるかもしれませんが、本の読み方に邪道もなにもありません。**本は自分の役に立つように活用すればいい**のです。これはアウトプット読書術の基本精神でもあります。読まずにあきらめるくらいなら、邪道でもなんでも役立てたほうがよっぽど有益なはずです。読者にとっても、著者にとっても、そして本自身にとっても。

英語本の読み方

グローバリゼーションの進展もあって、最近は英語の本を読む機会のある人も増えてきていると思います。でも、普通の日本人にとっては、英語の本は特別なもので、なかなかスラスラと読むことができません。英語力がネックになるからです。

さて、そこでどう読むかですが、これもいちいち単語を調べて丹念に読んでいては、1年たっても読み終わらないでしょう。そうなると、もうわからなくても読み進めるという手段をとるよりほかありません。まず、**どういう本なのかをネットの解説やレビューなどで調べてみてください。それもなければ、まずはまえがきと目次だけは丁寧に読んでください。**

そうして大体の内容がわかれば、というか少なくとも何が書いてある本なのかがわかれば、あとはまるで日本語の本であるかのように読んでいくのです。わからなくてもいいです。それでも字面を追っていくと、何か情報が入ってきます。一応何の本か確認しているので、志向性があるはずですから。

そのうえで、何度も出てきて、これはキーワードだなとか、この単語さえ知っていればだいたいわかりそうだというときだけ辞書を引くのです。それくらいなら手間はかかりません。そうしてとにかく読み終えることが大事です。最近英語教育の方法で多読というのが流行っていますが、あれと同じ発想です。多読の場合は、自分の語彙レベルにあったものを辞書なしで一気に読むというところに特徴があります。そうやって徐々にレベルを上げていくのです。とにかくたくさん英語を読むことで、ネイティブのように英語に慣れて吸収していくという理屈です。

その点では、自分のレベルを超えたものをいくらそうやって読んでもあまり内容がわからないわけですが、あくまで次善の策ととらえていただければいいでしょう。それに不思議と、こういうことを繰り返していると、ペーパーバックなんかでも結構速く読めるようになってくるものです。これも私が実証済みの方法ですので、ぜひ試してみてください。この方法なら普通の分厚さの本を日本語の本と同じくらいの速度で読めるようになりますから。理解度は日本語の本に比べてかなり劣りますが、そこはずっとやっていると徐々に上がっていくはずです。

多読から思考が生まれる

次に、1冊の本の読み方だけでなく、あるテーマに関するアウトプットをするときに、どういう本をどう読んでいけばいいのかというお話をしていきたいと思います。

1冊読破より10冊つまみ読み

あるテーマについて知識を得る必要があるとします。しかし時間は限られている。たとえば3時間。そうすると、1冊の本をしっかり読むだけで時間が過ぎてしまいます。それなら私は、**できるだけたくさんの本に当たった方がいい**ように思います。

もしあなたが図書館にいて、そのテーマに関する本が10冊あったなら、10冊を3時間で割って1冊20分弱でチェックしていくのです。もちろん1冊ごとにかける時間は少なくなりますが、まえがきとあとがき、目次、メインとなる箇所程度を読むのには十分な時間です。そうして多くの考えがあることを知った方がいいのです。

同じテーマに関して10冊も本があるということは、10種類の視点があるということです。なぜなら、まったく同じ視点でまったく同じ内容の本が書かれていることはないはずだからです。普通はあるテーマについて本を書くとき、著者は類書を調べます。そうしてあえて違った視点で書くものなのです。反対の説を書いたり、新発見について書いたりと。だから**そのテーマについて、いろんな立場があることを確認しておくことが重要**なのです。

10冊は大げさだとしても、少なくとも複数の視点からアプローチすることは必須です。そうすることではじめて思考が可能になるからです。もちろん、自分の力で批判的に読むことは可能です。前に紹介したクリティカル・リーディングですね。でも、専門的な内容であったり、未知の分野だと、自分の視点だけでは限界があります。そもそも基礎的な知識もないのですから。そこで、複数の専門家の意見を比較するわけです。

初級・中級・上級各2冊読みが基本

具体的には、**初級・中級・上級各2冊読みが基本**だと言えます。初級とはビギナーズガイドのような本当の入門書です。簡単であればあるほどいいでしょう。売れているものであれば、なおいいです。売れているのには理由があるはずだからです。わかりやすいとか、図が多いとか。それに売れているということは、多くの人がその知識を共有しているということですから、それだけでも知っておく価値はあります。いわば常識を知っておく必要があるのと同じです。

6冊の中では、初級の1冊目が一番大事です。あとの5冊は知識を補うために読むと言っても過言ではありません。いわば1冊目で幹をつくって、そこに枝葉を肉付けしていくようなイメージです。ですから、この1冊を慎重に選ぶ必要があるのです。その点では、わかりやすく、かつ権威ある人の書いたものがあればベストです。入門段階の知識はしっかりと頭に入れるので、正確である必要があります。そのうえ、権威ある人が言っていることなら、それだけで堂々と引用してアウトプットに使えますから。

中級というのは、ある程度詳しめの本です。かと言って専門書でもない。大学の先生が書いた入門書は、比較的このレベルのものが多いでしょう。入門書とは言え、大学の先生というのは、とかく難しい内容を書きがちですから。プライドもあるのでしょう。私はそんな不必要なプライドは持たないようにしているので、本当に簡単な入門書を書きますが。

上級は専門書のことです。専門家が専門家に向けて書いた本や、専門的なレベルを学ぶ人用に書かれたものです。これは大学の先生が専門書として書いたものが当てはまります。博士論文を本にしたものや、最新の研究成果を発表したようなものです。

あるテーマについて知り、それをアウトプットする必要があるとき、私は最低この6冊を読むようにしています。時間があれば、もっと読みますが、そこまで余裕のあるときはそうありません。実は私は、一般の方が哲学的対話を行う場である「哲学カフェ」を定期開催しています。そこではいつも未知のテーマや最新の話題を扱うようにしているのです。私の役割は講師ではなくて、司会進行役のファシリテーターなのですが、それでもやはりそのテーマについて一定の知識がなければ、議論をまとめていくことはできません。そのために、しっかりと予習していく必要があるのです。とは言え、忙しいので、これにかけることのできる時間はせいぜい1週間です。しかも、1日1時間も割ければ御の字です。そこで、初級2冊、中級2冊、上級2冊に目を通すことにしています。平均すると、1日1冊、かける時間は各々1時間です。

初級のほうが簡単なので、しっかりと読みます。初心者には最初の一歩が大事ですから。そして中級、上級になるほど部分読みになっていきます。しかもどの段階でも、2冊目以降はそれまでになかった内容や反対説を中心に読むことになるので、そう時間はかかりません。より思考に時間を費やせるようになります。専門書に至っては、そもそも最初から最後まで全部読むようにはできていません。ですから、必要なところだけ読めばいいのです。深く知りたいところとか、その本にしか書かれていない内容とか。

こうして1週間でだいたいどんな分野でも専門家と話ができる程度にはなります。さすがに専門家にはなれませんが、専門家にインタビューして、対等に話をするレベルには到達するということです。私はこれまで何度か異分野の専門家と対談したりする機会もありましたが、すべてこれでちゃんと乗り切ってきました。ちなみに、1か

〈1週間でプロになるための6冊の読み方〉

1日目	2日目	3日目	4日目	5日目	6日目	7日目
初級1冊目		初級2冊目／中級1冊目	中級2冊目	上級1冊目	上級2冊目	アウトプット

月あれば専門家レベルにもなれます。これも実証済みです。オフレコですが、あるテレビ番組で、本当は1か月しか勉強してないのに、専門家だと思われたこともあります。え、テレビなんてその程度のもの？　いや、それほど私の方法がすごいというふうにとらえていただけるとありがたいのですが……。

売れている本は必読を！

アウトプットのことを考えると、**読書のプライオリティとして、売れている本を入れるのは必須**です。売れているということは、話題になりやすいので、読んでいないと自分だけ話に入れないなどということになりかねません。それにアウトプットの際、そういう本に言及すると、聞いている方もホットな話題で耳を傾けますし、前提知識を共有していることから共感も得やすくなります。

きっと皆そう思ってベストセラーや話題書を買うのでしょうね。それによってどんどんドライブがかかっていって、また売れるということです。するとますますアウトプットの必須本になる。同じ書き手としてはうらやましい限りです。

なお、売れている本は、書店に行けばすぐわかります。ベストセラーランキングをやっているところもあるでしょうし、表紙が見えるように並べてあったり、平積みにしたりしているでしょうから。あるいは、アマゾンのランキングや、読書特集をチェックするのもいいでしょう。新聞の広告欄を見てもよくわかります。「話題騒然」とか「即重版」とか「10万部突破」とか書いてありますから。

話題になった本については、とにかく**なぜそれが話題になったのか、そこをよく押さえておく必要があります**。アウトプットする際には、そこに重点的に触れなければならないからです。場合によっては、合わせて社会背景などを確認する必要もあるでしょう。著者が話題だとか、テーマ自体が社会問題化しているということもありますから。最近のＡＩなどはまさにそうですね。

せっかくのインプットを記憶として定着させる方法

関連させて反復する

せっかくインプットした成果を、すぐに忘れてしまってはもったいないですよね。もちろんプレアウトプットとして、いつでもすぐに情報が引き出せるように本を加工しておくわけですが、それでも頭の中そのものにもある程度の知識をインプットしておくことは必要です。そうでないと、いちいち材料を持ち歩いたり、ページをめくらないと話もできないからです。

特に準備した内容をそのままアウトプットするプレゼンや執筆でもない限り、とっさに知識が求められることのほうが多いと思います。そうしたときに、頭の中にある知のストックで対応できるようにしておきましょう。

とは言え、記憶というのはなかなか定着しないものです。中高生のころならまだテストのためにどんどん暗記できていたかもしれませんが、大人になるとなかなか覚えられなくなります。ただ、少なくともどの本に何が書いてあったか、そしてどこでも使えそうなちょっとしたフレーズくらいを覚えておくととても便利です。

コツは関連性と反復です。読書のインプットに限った話ではありませんが、**人間の記憶というのは、何かと関連させることで印象に残り、短期記憶となります。さらにそれを反復することで、長期記憶として定着していく**のです。

関連性の典型例が語呂合わせです。これはどの本に何が書いてあったかを覚えておくのにも使えます。たとえば、カントの「～批判」とつく本は『純粋理性批判』『実践理性批判』『判断力批判』と3種類もあります。『純粋理性批判』には「物自体」、『実践理性批判』には「定言命法」、『判断力批判』には「美的判断」といった重要な概念が論じられています。たとえばここで、「純粋な物は実は命で判断すると美しい」などと覚えると、一気にこの3冊を頭の中にストックすることができます。

ちなみに、こういう記憶のための文章は下品であればあるほど印象に残ります。自分だけの秘密ですから、ぜひ下品なものを考えてください。私は立場上、今きれいな文章をサンプルとして紹介しましたが、本当はもっと下品なものを使っています。もちろんその中身は内緒です。

後はこうしたフレーズを折に触れて反復するだけで、長期記憶になるわけです。折に触れて反復するというのは、関係する言葉に出くわすたび、頭の中でこうした記憶のための一文をつぶやいてみるということです。カントの名前がどこかで出てきたら、「ああ、そういえばあの文章……」という感じで思い出すだけでいいのです。

サラウンディングス

第3章

はかどる読書環境の作り方

環境の重要性

インプットもアウトプットも、とにかく良好な環境がなくては成り立ちません。とりわけ**読書や執筆という知的作業、いや精神のかかわる営みに関しては、環境次第でパフォーマンスが大きく変わってくる**のです。したがって、環境には細心の注意を払う必要があります。

都市社会学者のリチャード・フロリダが、どこに住むかは誰と結婚するかという選択に次いで大事なものだと言っています。フロリダはクリエイティブな仕事をすることを念頭においてそう言っているのですが、その意味では、彼の主張は読書というクリエイティブな営みにそのまま当てはまるものだと言えます。

たしかに私たちは、日ごろどこに住むかはあまり選択肢がないように思っているため、そこまでこだわらないのかもしれません。でも、よく考えるとすごく重要なことです。自分が毎日生活するところですから。そしてそれがクリエイティブな営みに影響してくるとなれば、なおさらです。特に私のような物書きにとっては。

なんと私は、社会人になってからだけでも13回引っ越しをし、今14か所目の家に住んでいます。まさに引っ越し魔、いや引っ越し貧乏なのですが、今振り返ると、住む家によってパフォーマンスが違ったように思います。それでもやらないといけないことは同じなので、最終の成果は変わりませんが、よりすらすらと原稿が書けたところと、そうでもなかったところとがあったような気がします。今住んでいる家はまぁまぁです。でも、また引っ越す予定です。ちなみに、なぜそんなに引っ越すのかというと、私の転職が多いのに加えて、どうせ賃貸なので、子どもの学校などに合わせてその都度より便利なところに住もうとするからです。

そういえば、ベストセラー『超訳 ニーチェの言葉』（ディスカヴァー・トゥエンティワン）で有名な白取春彦さんが、いい図書館のあるところに引っ越せというようなことを書かれていましたが、その気持ちはよくわかります。いい図書館がないと、資料が簡単に手に入らないからです。大手書店もいいですが、古い本や資料まではありません。

たまたま私は県庁所在地に住んでいるのと、大学に勤めている関係で、県立図書館や大学の図書館に手軽にアクセスできる環境にあります。それでも田舎なので、ほしい資料の半分も見つかりませんが。

とは言え、図書館のために引っ越すわけにはいかないでしょうから、少なくとも自分なりの読書環境を整えるようにすべきです。大きく分けると、家の中、カフェ、書店、日常生活の環境を整えるということです。以下、順番にお話ししていきましょう。

家の中の環境を整える

本を家じゅうに散りばめる

家の中の読書環境で一番大事なのは書斎です。書斎とまでは言わなくても、机に座って作業をする自分の空間のことです。私は可能な限り自分の周囲に本を置くようにしています。これは「本は本を呼ぶ」という思想に基づいています。本がたくさんあると、不思議と本が読みたくなってくるものなのです。あるいは本を書きたくもなってきます。

ディズニー映画「美女と野獣」で、無類の本好きである主人公ベラが野獣に心を開いた理由の一つは、本で埋め尽くされた部屋を与えられたからです。本好きにとって本がたくさんある環境は、天国のようなものなのです。なにしろ相手が野獣でもなんでもよくなってしまうほどですから。

私も天井まである本棚に囲まれたあの部屋を見たとき、ベラになりたいと思いました。よく世界の美しい図書館特集が雑誌で組まれたりしますが、見とれてしまってしばらく動けなくなります。それほど美しいのです。あんなところに住めたらどんなに幸せでしょうか。

まぁそこまでは無理だとしても、とにかく私も部屋の中に置けるだけの本を置くようにしています。できるだけたくさんというのがポイントです。その際、簡単に取り出せないような本の置き方をしてはいけません。本棚がたくさんあればベストですが、なかなかそうもいかないでしょうから、どこかに積んでおくのもいいでしょう。ただ、少なくとも背表紙が見えるように、かつ簡単に取り出せるようにしておく必要があります。本はあくまでアウトプットのためのものです。必要なときに、必要な本を見つけてすぐ手に取れるようにしておかなければならないのです。

その意味では、**よく使うものを手に届く範囲に積んでおいたほうがいい**でしょう。そうでないと、いちいち席を立つのが億劫になってしまいますから。私はこの環境を

〈幕府スタイル〉

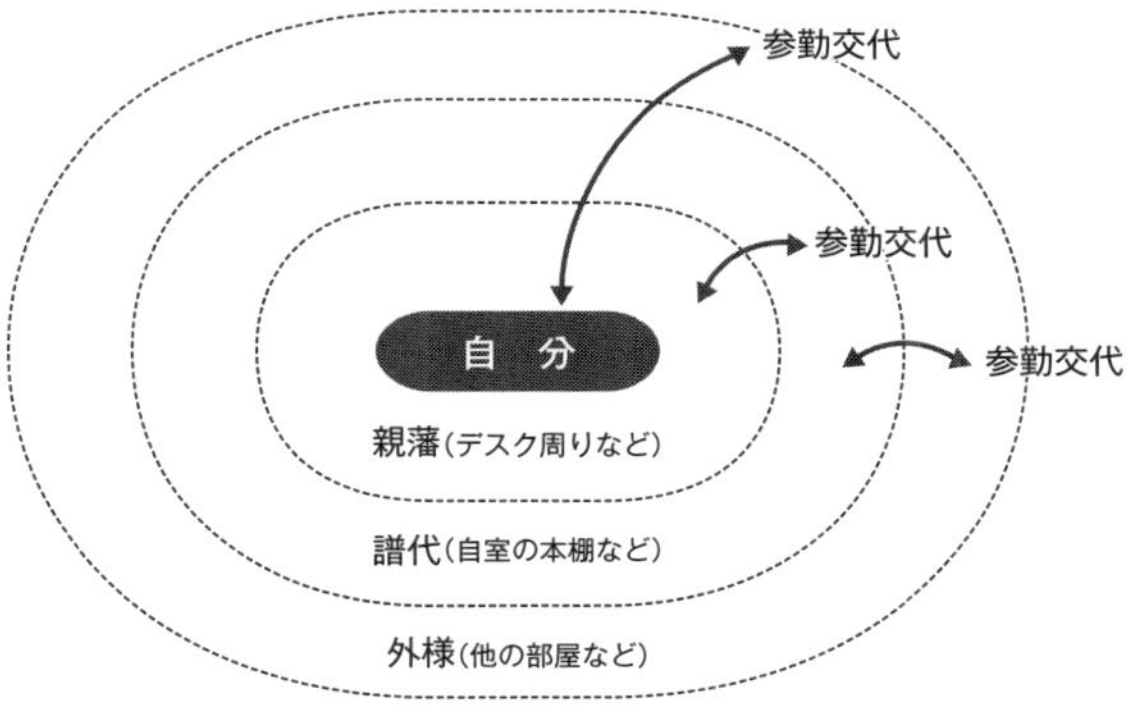

「幕府スタイル」と呼んでいます。幕府とは徳川幕府のことです。徳川幕府は、諸大名を親藩、譜代、外様と三つに分け、役に立つ味方ほど近くに配置して、全体を俯瞰できるように監視していました。これと同じように、必要でよく使う本ほど身近に置き、かつ部屋にある本全体に目が行き届くようにしてあるからです。たとえば、デスク周りにある本は親藩、自室の本棚にあるものは譜代、他の部屋に置いてあるようなものは外様です。

さらに、「参勤交代」も取り入れています。参勤交代は地方の大名が1年おきに江戸と自分の国を往復する制度ですが、私の本に関していうとこういうことです。つまり、先ほどの三つを相互に入れ替えたり、部屋に置きれない本を部屋の外に積んでおいて、必要に応じて入れ替えているのです。このやり方はもうだいぶ長く続けていますが、きっと合理性があるのでしょう。結構うまくいっています。徳川幕府が安定していたのも頷けます。

ここで部屋の外の本について説明しておきます。部屋の外にある本は、必ずしもアウトプット作業に必要なものではありません。図書館でいうところの書庫のようなものです。さすがに普通の家では書庫はないでしょうから、書庫代わりに家じゅうのあらゆるスペースを活用するのです。私の場合、階段、廊下、トイレ、玄関がそれに当たります。階段や廊下に置く場合は、ディスプレイになるうえに、また刺激にもなります。もちろん、本当に手に取って読むこともあります。

トイレや玄関に置く本は、保存というより、その場所に行ったときに読むためのものです。お風呂で読む人もいますが、私はシャワーしか浴びないので、さすがに無理です。その代わり、シャワーのときにはアイデアを考えたりしていますが。

さて、なぜトイレや玄関に本を置くかというと、そこで隙間時間が発生するからです。**トイレに長く滞在するときや、玄関で家族を待つ時間などに、そこで読む本があ**

ると、有意義に時間を過ごせます。その際注意しなければならないのは、その場で読む本は、持ち歩いてはいけないということです。理由は、読みたいときに本がない状態を防ぐ、気分転換になる、場所ごとに読んだ本の記憶が残る等、色々あります。

特に最後の理由は大事です。トイレや玄関で読んだ本というのは、印象に残るでしょう。アウトプットには印象が大事です。その意味で、家以外でもできるだけコンテクストをつくることをお勧めします。たとえば、「去年の夏の旅行に持って行って読んだ本」というようなコンテクストがあると、ずっと覚えているものです。

本棚のつくり方

ところで、本棚はどのように整理しているのかですが、これも基本はアウトプットに合わせています。つまり、ある仕事でアウトプットする塊ごとに本を並べておきます。作業中のものは本棚から出してありますが、今度やる仕事に関係するものや長期間取り組んでいるものについては、本棚に本をストックしておくのです。

たとえば、次回作のテーマが「世の中の変え方」だとすると、それに即したテーマの本を見つけるたび、購入してはその本棚の同じ個所にストックしていくのです。「世の中の変え方」などというとかなり幅の広いテーマなので、ちょっとでも役立ちそうだなと思ったら、手に入れてこの棚に保存しておきます。使うかどうかは、本格的に作業に取り掛かってみないとわからないからです。

長期間取り組んでいるものも同じです。私はここのところ日本の思想について研究しているので、それに関する本棚がどんどん拡大しています。最初は棚2、3段だったのが、徐々に拡大し、今や本棚3つ分くらいになっています。

その他、ジャンル別に整理している棚も一応あります。辞書、語学、文学、必読書です。辞書は調べものに欠かせないので、どんな仕事でも使えるように定位置を確保してあります。辞書と言っても広辞苑や名言事典から『クリエーターのための和のネーミング辞典』（学研プラス）なるものまで、とにかく事典あるいは辞典と名の付くものはなんでも集めておくようにしています。もちろん自分で書いた『超訳「哲学用語」事典』（ＰＨＰ研究所）もここに置いてあります。

語学書も英語と中国語を中心に定位置を確保してあります。大学での仕事に関係しているうえに、私の数少ない趣味でもあるからです。語学学習マニアかと思われるくらい、語学学習用の本が取り揃えてあります。実際、それらのアウトプットとして英語学習のための本を出版したこともあるくらいです。

文学というのは、読む予定のものや大好きなもの、必須のものなど、とにかく小説を集めた棚です。これはアウトプットには直接関係ありません。ただ、小説も教養のためにある程度読むようにしているので、そのために特別に棚を設けているのです。もちろん、これらをアウトプットに使うこともあるわけですが。

必読書というのは、私にとっての必読書です。忙しくて今すぐは読めないけれど、いずれは読んでおかねばという本が並んでいます。あるいはいずれは読みたい本です。その意味では、この棚が一番わくわくします。ただ、時間が経つと気持ちが変わるもので、結構参勤交代（入れ替わり）が激しい棚でもあります。

もしかしたら、私のその時々の気持ちを反映していると言っていいかもしれません。ちなみに今手元にあるのは『「東アジアに哲学はない」のか』（岩波書店）や『Well-Being』（Polity Press）といった本です。前者は日本思想への関心の延長で読みたいと思っているもので、後者は先日アメリカで著者のベン・ブラッドリーから直接もらったものです。本人に今度感想を送ると言ってしまったので、読まざるを得ません。いや、もちろん興味もあるからそう言ったのですが。

読書に最適な空間を演出する

さて、家の中の環境について、少し補足しておきましょう。たとえば、**明かり、匂い、温度、色、音にも注意を払う必要があります**。明るすぎると本を読む気にはなりません。それよりも多少落ち着いた明かりで、本の手元だけが明るいほうが集中できるのです。匂いは人それぞれでしょうが、アロマでもなんでも、落ちつく香りがあればそれでいいと思います。私の場合はコーヒーと紙（正確にはインク）の匂いが混ざった状態が大好きです。

私にとって、コーヒーは読書の必須アイテムです。これは匂いだけでなく、目を覚ましてくれる効果もあります。読書を楽しむというのは、その雰囲気を楽しむことでもあります。ですから、仮に家の中で読むにしても、**できるだけ自分がわくわく、ゾクゾクするような環境を演出する**ことをお勧めします。

温度や部屋の色、音も自分の好きなようにカスタマイズするといいでしょう。ちなみに私の場合は、少し寒いくらいが集中できるので、冬でもあまり暖房の温度を高くしません。夏はもちろんエアコンをガンガンに入れて、長そでを着ます。エコにはよくないですが……。カーテンやじゅうたんなどの色はアースカラーなど自然に近いものを選びます。音は基本的になしです。本の中から聞こえてくる音に耳を傾けたいからです。たとえば、村上春樹さんの小説を読んでいて、せっかく具体的なクラシックの曲名が挙げられているのに、周囲からロックが聞こえてきたのでは、台無しですから。

外で読む環境を整える

1日1冊持ち歩く

今度は家の外の環境についてです。まず外出するときの環境。これについては、**1日1冊の本を持ち歩くのが基本**です。たくさん持って行ってもいいですが、重いと疲れますし、本のことが嫌いになってしまいます。疲れは脳に来るので、読書にとってもマイナスです。ということで、1冊が基本なのです。

その意味では、コンパクトなもののほうがいいでしょう。新書や文庫のような。そしてその本を1日の中のあらゆる機会をとらえて読むのです。できれば1日で読破するのが理想です。そうすると、日記ではないですが、「●●をした日に読んだ本」というふうに記憶することが可能になります。私たちは**1日1日異なる日々を過ごしているので、その異なる日々に1冊の本を紐づける**わけです。このようにすると、何か特別な出来事があった日や記念日に読んだ本は格別のものになったりします。

さて、ではどうやって1日で読破するかですが、これはもう隙間時間を活用するよりほかありません。毎日わざわざ読書をする時間が取れればベストですが、普通はなかなか難しいでしょう。ところが逆に、私たちの日常には隙間時間がたくさんあるものです。それを全部足し合わせると、かなりまとまった時間になります。たとえば、駅で電車を待っている時間、電車やタクシーなどの移動時間、信号待ち、コーヒーブレーク、食事中、食事の後、寝る前など。日によっては誰かを待つ時間があったりもするでしょう。

とにかく、**何もしなくてもいい時間が1分でもあれば2、3ページ読めます**。要は、常に意識して貪欲になることです。そして常に本を取り出せるようにしておくことです。ポケットに入れれば一番いいですが、カバンでもすぐに取り出せるようにしておいてください。探している時間がもったいないですから。

読書の聖地──カフェ

カフェは自宅に次いで、あるいは自宅以上に重要な読書の聖地と言えます。よくスターバックスのようなカフェで仕事をすることを勧める本があります。落ち着いた雰囲気で作業ができて、Wi-Fiが使えて、おいしいコーヒーが飲める。窮屈なオフィスよりよほどいい環境です。

それでいて刺激にもなります。これは最大のメリットと言っていいでしょう。似たような人たちがたくさんいるからです。本を読んでいる人、議論している人、何かを書いている人……。カフェは創造的な空間なのです。**現代のカフェは、私のようにアウトプットのための読書をする人間にとって聖地と言ってもいい**でしょう。作業をしながら本を読むには、こうした適度ににぎやかで、適度に落ち着いた環境が欠かせません。特に私の場合、落ち着いた明かりにコーヒーの香りが必要なので、その点でもばっちりです。

もちろん懐かしい感じのする喫茶店でもいいです。ただ、そういうところは作業の場所というよりは、くつろぎの場所の要素が強いので、ゆっくりと本を読みたいときに行くといいでしょう。気分やその日読む本、あるいはその日の作業によって使い分ければいいのです。私は、古典の小説などを読むときに、あえてレトロな喫茶店に行きます。小説を読むときはビジネス書などに比べてそもそも作業が少ないですし、何より喫茶店のクラシックな雰囲気が古典によく合うのです。

カフェのもう一つの利点は、永遠にはいられない点です。いくらゆっくりと時間を過ごすとは言っても、せいぜい半日でしょう。普通は数時間だと思います。その限られた時間の中だからこそ、集中もできるのです。

強いてデメリットを挙げるとすれば、お金がかかる点です。自宅や図書館はただですからね。スターバックスのコーヒーも高いですよね。そこを創造性のためのコストととらえるかどうかだと思います。

書店と図書館

書店や図書館は本や資料を入手するには大事な場所ですが、読書をする場所としてはカフェよりも劣ります。もちろん、カフェが併設されている場合はカフェと同じですが、書店の中の本が読めるコーナーや椅子、そして図書館の閲覧室は、どうも落ち着きません。まず、書店の本を読むコーナーは長時間本を読むためのものではなく、あくまで購入する本を選定する際に閲覧するための場所です。ですから、ゆっくりと過ごすわけにはいきません。これはデメリットです。

私の場合、書店ではざっと立ち読みをすることにしています。これも本を読むということになると思うのですが、**居心地が悪いからこそ立ったままざっと読むのには適しているわけです。**早く読んで次の場所に移りたくなります。そうしてざっと読みながらぐるぐる回るわけです。合計するとかなりの量の情報を摂取したことになりますから、ある意味で書店のメリットととらえていいでしょう。

これに対して、本来図書館は本を読む場所なので静かだというメリットがあるのですが、本を読むということに特化しているがゆえに、かえって制限を感じてしまうのです。先ほども書いたように、カフェの目的は様々です。会話をしてもいいし、仕事をしてもいいわけです。そういう創造的行為全般が許されていないと、どうも読書もはかどらないのです。その点では静かにしていなければならないことがデメリットになってしまいます。

おそらくこれは、私にとって読書が単なるインプットではなくて、創造行為の一環にほかならないからです。図書館で音を立てると、ギロッとみられてしまいますよね。あの環境ではクリエイティブにはなれません。最近はそういうスペースもできつつありますが、まだまだ変革が求められるように思います。そもそも図書館という名前がいけません。いっそ創造館にしてはどうでしょうか。

その他の公共の場所

その他私がよく本を読む場所に、公園、居酒屋、新幹線、飛行機があります。いずれも公共の場です。公園は外で読みたいときに出かけていきます。これはバーベキューをする感覚と同じです。アウトプットのための作業のことを考えると、自宅やカフェなどのほうがいいのですが、時には外で読みたくなるものです。外で食事がしたくなるように。その意味では、気分転換をするだけなのですが、読書にとって気分転換は不可欠です。これが様々な公共の場で読む最大のメリットです。ずっと文字を見ていると疲れますし、環境を変えたほうが頭も活性化しますから。面白いことに、人間は外に出ると本能が研ぎ澄まされます。これは動物的なものですから、意識してやっているわけではありません。自然とそうなるのです。これがどう読書に関係するかというと、読み方が変わるのです。いわば**理性よりも感性を働かせて読む**ような感じです。ぜひ一度同じ本をカフェと公園とで読み比べてみてください。なんとなく違いを感じるはずです。そしてその感覚はアウトプットにも影響してきます。

ピンと来ない方は、海辺や星空の下を想像していただくといいでしょう。さすがに海辺や星空の下だと気分が変わると思いませんか？　そういう場所では人は詩人になると言います。不思議とロマンチックな言葉も出てきます。これは感性のなせる業です。インプットするときも同じような変化があるのです。だから海辺や星空の下では詩を読むのに適しているかもしれませんね。

居酒屋は、もちろん一人で行った時の話です。出張とかで一人で食事をするとき、私は結構居酒屋を選びます。安いし、一人でゆっくり滞在できるからです。半個室のようなスペースがあるのもいいところです。そうして本を読むのです。この場合は、お酒も入っているので、飲酒読書になります。飲酒読書は飲酒運転とは違って合法で

〈場所別メリット・デメリット〉

	メリット	デメリット
自宅	落ち着く	変わりばえしない
カフェ	刺激的	お金がかかる
書店	情報量多い	ゆっくりできない
図書館	静か	制限がある
その他の公共の場	気分転換できる	眠くなる

すし、何より読書に面白い効果を及ぼします。お酒を飲んで気分がよくなるのと同じで、気分よく読めるわけです。毎日そうだと困りますが、たまにはそんな日があるのも変化があっていいものです。

新幹線は出張に行くときの話です。山口に住んでいると、新幹線に乗る機会が多くなります。新山口から博多や広島というのはよくありますし、大阪や東京も結構あります。東京ともなれば、片道で4時間半くらい乗りますから、かなりまとまった仕事ができます。そこでアウトプットもするのですが、本もよく読みます。新幹線は揺れませんし、ゆったりと座れるので最高です。もしかしたら、誰にも邪魔をされない最高の読書時間と言っていいかもしれません。

飛行機もやはり出張や旅行のときの話です。わざわざ本を読むために飛行機に乗ることはありませんが、逆に言うと飛行機は何かと制限されるので、本を読むのが一番なのです。長い列を並ばなければならなかったり、離着陸の直前は電子機器が使えなかったりします。そういうときでも本なら許されるのです。読書灯があれば、長時間のフライトで機内が暗くなっても継続して読み続けることができます。よく飛行機で見た映画を覚えているように、飛行機で読んだ本も印象深いものです。

このように、様々な公共の場で読むのは気分転換に最適で、時に効率も上がったりするのですが、いかんせん読書が主目的ではないため、どうしても日頃の疲れが出て居眠りしてしまったりするというデメリットがあります。新幹線や飛行機での移動中は特にそうです。ですから、必ず読まないといけないようなものは、新幹線や飛行機で読むのは避けたほうがいいように思います。私も何度か失敗していますので。

本を読みたくなるようにする工夫

買った日がピーク

本が読みたくなる環境を整えるには、ほかにもいろんな方法があります。たとえばモチベーションを上げるということです。これは本に限った話ではありませんが、なんでも買ってきた直後が一番わくわくしているものです。ですから、本も買ってきた日が一番読みたくなるときなのです。

そして読みたい気持ちが強ければ強いほど、集中して読めます。その意味で、**買ってきた日が読みたい気持ちのピークですから、この日を最大限に生かさなければなりません**。つまり、買ってきたその日に読める時間を確保しておく必要があるのです。翌日以降に回してしまうと、せっかくマックス状態になったモチベーションを生かし切ることができません。

最悪なのは、買ってきた日に途中まで読んで、あとはもう読まないというパターンです。これが結構あるのですが、それなら買ってきた日に、ざっとではあっても最後まで読み通したほうがいいと思います。

最近はネットで本を買う人も増えているでしょう。その場合も、箱が届いた日がスイートデーです。まるでお誕生日のプレゼントが届いたような気になります。そして急いで開けて読み始めるのです。ちなみに、私のうちには毎日のようにアマゾンの箱がいくつも届いています。まるでハリー・ポッターにバサバサ手紙が届くかのように。そしてまさにハリーと同じように家族に迷惑がられています。

雑誌の読書特集や本に関する映画を観る

雑誌でよく読書の特集をすることがあります。今読むべき本や話題の本が紹介されていたり、テーマごとに古典が紹介されたりします。ああいう特集はいかにも読みたくなるように書いてあるので、見ているうちに読書熱がわいてきます。実は私も、哲学関係の本の特集記事でよく執筆を依頼されます。そういうときはできるだけ興味を持ってもらえるような書き方を工夫しています。食レポと同じで、おいしそうに書くのがコツです。そのへんのノウハウはまたアウトプットの章で紹介したいと思います。

あとは本にまつわる映画を観るのも手です。辞書作りがテーマになっている「舟を編む」を見たときには、辞書が読みたくなって本当にしばらく読みふけってしまいました。文学を介して恋愛する年の差カップルを描いた「恋するふたりの文学講座」もお勧めです。何しろ原題は「Liberal Arts」ですから、恋愛ものながら知的好奇心をくすぐられます。

映画は素敵な洗脳みたいなもので、即効性があります。読むほうだけでなく、書くほうでもインスピレーションを得たいときは、作家が主人公になっている映画を観るといいでしょう。特にこういうのはスランプになった作家が復活するストーリーが多いので、余計にやる気になるのです。恋愛の苦手な恋愛小説家をジャック・ニコルソンが演じた「恋愛小説家」や、ヒュー・グラント演じる脚本家がスランプを克服する「Re:LIFE～リライフ～」のような作品です。

アウトプットするための環境

刺激と集中を得られる環境を

これまで主にインプットを念頭に置いて環境について書いてきましたが、その多くはアウトプットにも当てはまるものです。ただ、特にアウトプットのための環境ということでいうと、やはりよりインスピレーションのわく状態を作り出す必要があるでしょう。私はインプットも創造的な作業としてとらえているわけですが、アウトプットはもっと創造性が要求されます。

そこで求められるのが、アイデアのわく場所、雰囲気です。つまりそれは**異質な空間であり、刺激的な要素に満ちているということ**です。新しいものを生み出すには、頭を活性化する必要があります。それには刺激を与えるのが一番なのです。その点で、人が行きかうカフェもいいですし、交通機関で書くのもいいでしょう。旅の途中なら最高です。

もちろん仕事に関するものなら職場で、その他は家の中で書くということが多いでしょうが、雰囲気を変えることは可能です。普段読まない雑誌に目を通す、普段聴かない音楽を聴く、普段口にしないものを口にするなど、要は普段と違うことをしてみるのです。普段とは違う服を着てみるのもいいでしょう。場所が選べないなら、その場所にいる自分を変えるよりほかないですから。

また、こうしたアイデアのための刺激と同時に、**長時間集中してものを書き続けることができるだけの快適さも整えなければなりません**。自宅や職場なら、お尻や腰が痛くならないような椅子を用意する必要がありますし、外で書く場合もクッションになるものを用意しておくといいでしょう。せっかく頭は乗ってきたのに、体のコンディションのせいで中断しなければならないというのは大きな損失です。

瞬間的に気分転換できる仕組みも、長時間の集中のためには不可欠です。よくアーティストがスタジオに缶詰めになるときに、トレーニングマシーンを持ち込んでいるのを見たりします。ちょっと体を動かすと、頭も活性化するのでしょう。物書きにも当てはまると思います。

気分転換がうまくできる人ほど、長時間の作業に向いています。どんなすごい人でもずっと集中し続けることはできません。そこが人間の弱点でもあります。囲碁の名人イ・セドルさんがＡＩのアルファ碁と勝負したとき、集中力ではかなわないと言われていたのが印象的です。どんなにすごくても、そこは機械にはかなわないのです。でも、だからこそ集中力をうまく持続させることができれば、人間は最強になれるはずです。そのためには、うまく息抜きをすることです。私は15分に1回軽くストレッチをし、30分に1回ネットサーフィンをし、1時間に1回飲み物を変えるようにしています。いずれも時間をとりません。わずか数分です。ネットサーフィンは長くなると問題ですが、数分で戻ってくる癖をつければいいのです。

特にアウトプット作業をしている最中にネットサーフィンをすると、意外なアイデアをゲットすることができたりして、一挙両得です。たいていはヤフーニュースをチェックしたり、ＢＢＣやＣＮＮのビデオニュースを視聴したりする程度です。

最後に、まとまったものを書くには、まとまった時間が必要です。これはインプットが隙間時間を足し合わせることで成立するのとは少し異なります。**アウトプットに関しては、一度はまとまった時間をとって、全体をしっかりと見渡せるようにすべきです。**そうでないとつぎはぎだらけの服のようになってしまいますから。

日によって気分が違うということは、書いたものも少しずつニュアンスが違うということです。それが同じ一つの仕事や作品だとすると、やはり違和感が出てしまいます。そうならないようにするためにも、全体のトーンを整える作業がいるのです。あるいは、分量によっては一気に仕上げるというのもいいでしょう。私の場合は、できるだけ土日をそうした時間に充てるようにしています。なかなか理想通りに休みが使えないのが問題なのですが……。

アナリシス

第 4 章

読書を自分のものにする思考法

インプットとアウトプットに生きる哲学思考

読書を自分のものにするには、しっかりと頭を使って考えなければなりません。読みながら頭をフル回転させるわけです。しかも、アウトプットを念頭においた読書の場合、ただ内容を理解すればいいというものではありません。それをどう料理するか考えながら、あるいは前にも書いたように、プレアウトプットとして下ごしらえをしながら読まなければならないのです。

ここで哲学の思考法が役に立ちます。哲学は思考を目的とした学問であり、物事の本質を探究するために数々の思考法が生み出されてきました。ここではその中から読書のインプットとアウトプットのために不可欠なものを5つ厳選して紹介したいと思います。①直観、②構造主義、③批判、④脱構築、⑤弁証法の5つです。

この章では、具体的に数冊の本を例に挙げながら、どのように各々の思考法を使えばいいのかお示ししていきます。もちろん哲学の予備知識は不要です。一から解説しますので、ご安心ください。

思考法①「直観」

直観というのは、簡単に言うと思考する前に感じることだと言っていいでしょう。なぜまず直観なのかというと、なんでもフィーリングが大事だからです。もしかしたら、本を読む前からすでにこの直観を働かせる必要があるのかもしれません。そもそも本を手に取る行為は優れて直観的なものです。

そして本を読み始めてからも、**まずは直観を働かせて内容をざっと把握することが大事**なのです。アウトプットに関しても、やはり直観的に構成をイメージすることが求められます。

このように直観は知的作業の第一歩だと言っていいでしょう。直観についてもう少しだけ詳しく説明しておきたいと思います。直観というのは、認識の一つです。たとえばドイツの哲学者カントは、人が物を認識するためのメカニズムを明らかにする中で、この直観について論じています。

カントによると、一切の思考は「直観」によって生じるといいます。つまり、何か対象が現れたとき、それに反応するかのように直観が生じるのです。対象が意識を触発することによって直観が生じると言ってもいいでしょう。

その対象を受け取る能力が「感性」と呼ばれるものです。対象は感性を介して私たちに与えられます。いわば感性が私たちに直観を与えてくれるということです。一般に西洋近代の哲学では、この後理性に基づく思考が始まると考えます。そして感性はあたかも思考を始めるための前座のようにとらえられています。

これに対して、日本の思想では感性をもっと重視していると言っていいでしょう。感性そのものが思考なのです。私がここで読書に必要な思考として挙げている直観は、どちらかというと日本的な感性に基づくものです。

本居宣長の論じた「もののあはれ」は、それ自体が完結した思考のプロセスであって、物事に対する率直な感情の表現が、そのまま思考の結果になっているのです。したがって、それ以上の上位の思考プロセスがあるわけではありません。夏の午後蝉の声が聞こえてきて、「ああ、夏だなぁ」と感じれば、それが概念の把握であり、ロゴスによる本質の表現になっているわけです。

もっとわかりやすく言うと、**率直な感想を言葉にすればいいのです。読書で言うと、それがその本の印象であり、今後の料理の方向性を決める大方針となります。**知人からタケノコをもらって、「いいタケノコだなぁ。これは煮付けにしよう」と感じるのと同じで、「刺激的な本だなぁ。これはエッセーのネタにしよう」と思えればいいのです。

具体的に3つの本を使って、例をお示ししましょう。いずれも比較的最近、実際に私がアウトプットに使ったものです。しかもそれぞれジャンルが異なります。1冊目はフランスの哲学者デカルトの『情念論』です。これは哲学の古典で、『朝3分間のデカルト』（PHP研究所）という本の感情に関する箇所を書くときに使いました。

2冊目はSF作家フィリップ・K・ディックの名作『アンドロイドは電気羊の夢を見るか？』（早川書房）です。これはSF小説で、「日経ウーマンオンライン」というWEBサイトの読書特集で紹介しました。

3冊目は劇作家平田オリザさんの『下り坂をそろそろと下る』（講談社）です。これは、今後の日本のあり方を論じた新書の評論なのですが、平田オリザさんご本人を迎えて「哲学カフェ」を開いた際に話題の一つにしました。

順番に当てはめていきましょう。『情念論』は以前にも部分的に読んだことがあったのですが、最初から最後まできっちりと精読したのは初めてです。以前は一部を参照しただけなのですが、今回改めて頭から読んでみて、すぐに「お、これは自己啓発にぴったりだな」と感じました。表記もやさしく、また現代にも通用しそうな記述がたくさんあります。

『アンドロイドは電気羊の夢を見るか？』を読み始めたときには、1970年代の作品にもかかわらず、まさにＡＩ時代の未来予測をしていたかのような印象を受け、とにかく驚きました。

『下り坂をそろそろと下る』を読んだときは、とにかくオリザさんの強い意志を感じました。あえて挑発的な表現をすることで、人々を啓蒙しようとしているかのようでした。実際、「哲学カフェ」でタイトルの意味について聞いてみたとき、オリザさん自身がそのように言われていました。その意味では私の直観は正しかったわけです。

次に、アウトプットする際に直観的思考を当てはめてみるとどうなるでしょうか。つまりそれは、直観的に書くということです。たとえば、『情念論』だと、最初に挙げられている驚き、愛、憎しみ、欲望、喜び、悲しみの6つの感情が現代人にそのまま当てはまる形で論じられていると思ったので、『朝3分間のデカルト』の該当箇所である第4章を書くにあたってそのような目次をつくりました。

『アンドロイドは電気羊の夢を見るか？』については、現代の状況に引きつけてAIに言及することにしました。

『下り坂をそろそろと下る』については、オリザさんの危機意識が「哲学カフェ」のオーディエンスにも伝わるように話を持っていきました。

思考法②「構造主義」

第一印象は少し読み始めれば持つことができますが、それだけでは本の全貌を理解したことにはなりません。しかし、本の全体をつかまないことには、料理をすることはできないのです。魚を料理するときも、どの部位をどう使うか考えるはずです。しかもその際、魚だけでなくその日のおかずなど全体を考えて、また食べる人のことやお酒なども考慮して考えるでしょう。

そこで役立つのが構造主義です。一言でいうと、**「木を見て森を見ず」を回避するための思想です。物事の本質を理解するためには、一部だけを見るのではなく、全体に目を向ける必要があります**。その場合の全体とは、背景も含みます。フランスの人類学者レヴィ＝ストロースがこれについて論じています。

ここで言う構造とは、要素と要素の間の関係からなる全体のことです。ですから、一部の要素だけに目をとられていては、全体構造を見失うということです。逆に言うと、一部の要素を入れ換えても、全体の状況が変わらなければ、構造は同じだと言えます。要は構造とは枠組みのことですから、それが同じでも構成する要素は色々なのです。

その点では、要素同士の関係性に着目すると、別のものに似たような構造を発見することもできます。わかりやすいのは神話です。神話には、登場人物が違ったりするだけで、似ているものがたくさんあります。これはまさに要素を変換しても枠組みが変わらない例です。出てくる人や物が違うだけで、構造は同じなのです。神話は共同体にとっての教訓ですが、どこの世界でも同じような教訓を伝えているということでしょう。

では、この構造主義についても、例の3冊に当てはめて考えてみましょう。

まずインプットについてです。『情念論』を読んだときは、6つの基本感情を軸に、それらがどのような展開をしているかについて注意しながら読みました。おそらく各々の感情が、同じような構成になっているはずだと思ったからです。

『アンドロイドは電気羊の夢を見るか?』については、SF小説なので、物語の展開に注意しながら全体構造を頭に描いていきました。

『下り坂をそろそろと下る』は評論ですから、もともと論理の展開がしっかりしているはずです。そこに劇作家である平田オリザさん一流のドラマチックな展開が盛り込まれることで、単なる評論とは一味違った面白さが演出されているだろうと予測して読みました。

こうした読み方に対応する形で、アウトプットに関しては、まず『情念論』の体系を樹形図のように整理していきました。

『アンドロイドは電気羊の夢を見るか?』については、タイムラインをつくって、登場人物の動きを中心に物語の展開を整理していきました。こうすることで、直線的に展開する小説の構造を立体的に表現することができるからです。これはパラレルワールドのような同時展開する二つの世界の物語を分析する際にも使える方法です。

『下り坂をそろそろと下る』については、起承転結のような基本の流れに、先ほど言及したオリザさん特有のドラマチックな展開を書き加えていくことで全体を整理しました。

思考法③「批判」

こうして直観で印象をつかみ、さらに全体構造を見渡した後、いったん批判のプロセスを経ます。とは言え、批判というのは決してけなすことではありません。本を読んで、あれはよくないとか、最悪だとか言おうというわけではないのです。哲学で言う批判とは、吟味するということです。つまり、**自分の読み方がいいかどうか、正しいかどうか吟味する**のです。そうすることで、思考が深まります。

この点で役に立つのが、批判的思考、とりわけ「クリティカル・シンキング」と呼ばれるものです。伊勢田哲治著『哲学思考トレーニング』（筑摩書房）によると、ある意見を鵜呑みにせずによく吟味することを批判と呼び、その意味での批判的思考をクリティカル・シンキングと呼んでいます。

具体的には、伊勢田さんは①議論の明確化、②前提の検討、③推論の検討の三つの要素を挙げ、「前提と推論を検討して共に妥当と判定されたなら、結論も妥当だと一応認めてよい」と言っています。

たとえば、「名古屋には日本一の球団があるから、名古屋は日本一の街だ」という主張に対しては、日本一の球団があるということを理由に、日本一の街であるという結論を導くという議論の流れを明確にしたうえで（①）、「名古屋には日本一の球団がある」という前提が妥当かどうか（②）、仮にこの前提が正しいとして、この前提から結論が導き出せるかどうか（③）ということです。

ちなみに伊勢田さんは京都大学の先生ですが、以前は名古屋大学にいらっしゃいました。だからこんな例を出されたのでしょう。私も当時名古屋に住んでいたのでよくわかりますが、名古屋には本当に自分たちの街を日本一だと思っている人がたくさんいます。そしてドラゴンズが日本一の球団だと思っている人もたくさんいます。その意味で、これは実に興味深い例だと言えます。ただ、名古屋には知り合いも多いので、結論は皆さんの批判的思考に委ねたいと思います。

他方で伊勢田さんは、名古屋が日本一の街かどうかという客観的な事実とは異なり、これを「生きる意味」のような主観的価値の主張に適用する場合には、次の四つの視点が求められるとします。

①基本的な言葉の意味を明確にする
②事実関係を確認する
③同じ理由をいろいろな場面に当てはめる
④出発点として利用できる一致点を見つける

①の言葉の意味の明確化や②の事実関係の確認はわかると思いますが、③と④はどういうことでしょうか？　③の視点は、同じ大前提が当てはまるけれども、結論がひっくり返るような場合が存在するのではないかということです。立場が変われば結

論が逆になることがあるように。それを吟味するために、同じ理由をいろいろな場面に当てはめてみて、「普遍化可能テスト」を施すということです。

④の視点は、ある程度誰もが納得できる地点を模索するということです。ここにはどんな価値観を持っていようが、あらゆる面で意見が食い違うことはないという前提があります。伊勢田さんはそれを「よく考えたうえでみんなが認める（はずの）もの」＝「道徳的直観」と呼びます。

そして、この地点に至るために「討論する」という方法を念頭に置いているようです。「いずれにせよ、だんだん一致点を増やしていく方向で整合性を求めていけば、討論の参加者全員にとって納得のいく価値主張の体系を築くことができるだろう」と。つまり、**各人が批判的思考をもって意見を戦わせることによって、社会という複数の人間からなる場における正しい振る舞いとは何か、正しい価値とは何かということが見出されると想定している**のです。

これは一人で吟味する場合には、頭の中で想定するよりほかありません。色々な立場の人のことを考えて、より妥当な結論を導き出すのです。

これも三つの例に当てはめて考えてみましょう。まずはインプットの場合です。『情念論』に関しては、本当に時代を超えて現代的状況にマッチするものかどうか、再度吟味をしました。また、全体構造についても、単純に基本的な6つの感情が同じように展開されているのかどうか吟味し直しました。

『アンドロイドは電気羊の夢を見るか？』については、現代のＡＩに引きつけて考えることの妥当性及び物語の分析について再度吟味を行いました。

『下り坂をそろそろと下る』については、オリザさんの危機意識及び独特の演出について吟味を行いました。

アウトプットの際には、『情念論』、『アンドロイドは電気羊の夢を見るか？』、『下り坂をそろそろと下る』の各々について、先述の批判的検討の結果を受けて、これまで導き出してきた自分自身の考えに適宜修正を加えました。

思考法④「脱構築」

ここまでのところで、情報の入手や分析はある程度できたと思います。そこで次はそれらの情報を再構築する段階に入ります。つまり、アウトプットのためには、**入手した情報を自分なりに咀嚼して新たな視点で提示しなおす**必要があるのです。

デリダの脱構築概念はそんな情報の再構築に役立つものと言えます。脱構築とはデリダの用語で、一からつくり直すことを意味します。近代においては、「正しい」と社会的に決められた価値が重視されてきました。デリダに言わせると、それは論理的なものやわかりやすいものを最優先する態度、文字よりも声を優先する態度、目の前に現れたものを正しい存在だとする態度、男性的なものを女性的なものの優位に置く態度、ヨーロッパを他のどの地域よりも優位とみなす態度といったものが根底にあるからです。

しかし、こうした既存の価値は正しくもないうえに、暴力的でさえあります。というのも、論理的なものだけが正しいという考えが差異を排除してきたからです。また、男性的なものを優位に置く態度が女性を抑圧し、ヨーロッパ中心主義が植民地支配や戦争を生みだしてきたからです。

そこでデリダは、こうした西洋近代の哲学体系に特有の態度を解体しようとします。それが脱構築という概念なのです。ハイデガーの「解体」という用語をヒントに考えられた「デコンストリュクシオン」という造語の訳です。構造物を解体し、構築し直すという意味になります。ここでのポイントは、単に解体するだけではなく、構築し直すという点です。

つまり**脱構築とは、既存の物事のあり方を解体し、一から新たな形に構築し直すことを表している**のです。

例のごとく3つの本に当てはめてみましょう。インプットからです。

『情念論』については、再構成の結果、現代的視点を中心にアウトプットに必要と思われる記述を拾っていきました。

『アンドロイドは電気羊の夢を見るか?』については、私自身の関心を中心に内容を再構成する形で読んでいきました。

『下り坂をそろそろと下る』については、「哲学カフェ」の主題となっていた平田オリザさんのもう一つの著書、『新しい広場をつくる』(岩波書店)と絡めて再度論点を拾っていきました。

アウトプットにあたっては、『情念論』、『アンドロイドは電気羊の夢を見るか?』、

『下り坂をそろそろと下る』のそれぞれについて、インプットにおける再構成に合わせて、新たな流れをつくりました。

思考法⑤「弁証法」

そうしていよいよ最後は考えをまとめる段階です。いくら再構築しても、つじつまの合わない部分や、問題が出てくるものです。最終的にはそれらをうまくまとめる必要があります。それにぴったりなのが、弁証法です。

弁証法は、近代ドイツの哲学者ヘーゲルによる概念です。もともと弁証法は、古代ギリシアのソクラテスの時代から存在したのですが、当時は相手と問答を繰り返す中で、相手の主張の論理的な矛盾を暴き立てるための道具にすぎませんでした。それを生産的な思考法として位置づけたのがヘーゲルなのです。

ヘーゲルの言う弁証法は、問題が生じたときに、それを克服してさらに一段上のレベルに到達する思考方法を指しています。これによって、**一見相容れない二つの対立する問題をどちらも切り捨てることなく、よりよい解決法を見出すことができる**のです。いわば第三の道を創造するための方法です。

具体的には、「正↓反↓合」、あるいはドイツ語で「テーゼ↓アンチテーゼ↓ジンテーゼなどと表現されます。止揚するだとか、アウフヘーベンするだとか言われることもあります。

つまり、ある物事（テーゼ）に対して、それに矛盾する事柄、あるいは問題点（アンチテーゼ）が存在するような場合に、これらを取り込んで、矛盾や問題を克服し、より完璧な発展した解決法（ジンテーゼ）を生み出すという方法です。

これは単なる二者択一による妥協や折衷案とは違います。物事は何でも矛盾を抱えているものです。正の側面もあれば、他方で必ず負の側面も有しています。それでも物事はきちんと存在しています。言い換えるならば、いかなる問題も乗り越えられないはずはないのです。あらゆる物事はこの繰り返しによって発展していくといいます。

さて、それではこれも例の3冊に当てはめてみましょう。インプットからです。『情念論』については、現代的な視点で拾っていったトピックのうち、現代に当てはめると無理のあるものに関して補足しながら読むことにしました。

『アンドロイドは電気羊の夢を見るか?』については、独自の解釈に偏らないように注意して読み直しました。

『下り坂をそろそろと下る』については、『新しい広場をつくる』の内容とごっちゃにしないように注意して読みました。

そしてアウトプットについては、これらの問題点をクリアーする形でまとめ直しました。さて、アナリシスの結果どんな文章ができ上がったか、最終形態をお示しします。

『情念論』については、『朝3分間のデカルト』の一部を以下に引用してみました。

〈すべての感情は六種類の組み合わせから成る〉

それにしても、私たちの感情にはいったいどんなものがあるのでしょうか。

改めていわれると、なかなか出てこないものです。

ただ、これが私たちのエンジンであるのなら、よく知っておく必要がありま す。ちなみに、デカルトの分類は次のとおりです。

「単純で基本的な情念は、驚き、愛、憎しみ、欲望、喜び、悲しみの六つだけであり、他のすべての情念は、これら六つの情念のいくつかの複合、あるいは種である」（『情念論』60、62ページ）。

デカルトは、割とすっきりと分類しています。もちろんこの6つ以外にもあるわけですが、それらは基本の組み合わせで説明できると。

こうしてみてみると、いずれも人生のエンジンという感じですね。

私たちは子どものころから、「驚き」によって新しいものに興味を持ち、取り組むようになります。それは大人も同じです。

「愛」は、人に無限のエネルギーを与えるものです。愛のために人生を捧げる人だってたくさんいるわけですから。もちろん人に対してだけでなく、祖国への愛とかも含まれます。

「憎しみ」は、負の側面でエンジンになりますね。復讐のために手段を選ばない人もいます。戦争もそうです。なんとかこれを正のエネルギーに転換する工夫が必要だといえます。

「欲望」は、何に対するものであっても、そのままエンジンになります。欲望とはエンジンの言い換えだといっても過言ではないでしょう。お金がほしい、名誉がほしい、そんな欲望が頑張りを加速します。

「喜び」は、感情の王様とでも呼べるでしょうか。私などは喜びがあるから仕事ができますし、喜びがあるから生きています。感情を扱ったディズニー映画『インサイド・ヘッド』でも、喜びが一番重要な役割をはたしていました。

「悲しみ」はその対極にある感情ですが、これもまたある意味で人生のエンジンになっています。というのも、一度悲しみを知ると、もう二度とそんな思いはしたくないと思って頑張ることが多いからです。

〈感情をプラスの方向に持っていく〉

面白いのは、私たちにはこの6つの感情のいずれも備わっていることです。

そして出来事に応じて、これらの感情は表に出てきます。

これによって私たちはよくも悪くも影響を受けるのです。

大切なことは、その影響をできるだけプラスの方向に持って行くことです。

たとえそれが憎しみや悲しみであっても。

そうすれば自然と朝からテンションが上がるのではないでしょうか。

まずは朝の苦手な私が実践してみます。

『アンドロイドは電気羊の夢を見るか？』については、ＷＥＢに掲載した読書案内をそのまま引用しておきます。

20世紀最高のＳＦ作家といってもいいフィリップ・Ｋ・ディックの名作。映画「ブレード・ランナー」の原作でもあります。核戦争の後の近未来、人類は火星への移住を始めていました。人間そっくりのアンドロイドを奴隷として連れて行けるという特典付きで。そこから逃げてきたアンドロイドを仕留めるのが主人公リックの仕事。

疲弊した地球の日常で、リックのように心の病んだ人々を癒すマーサー教は、感情移入によってみんなの心を一つにし、人生の苦しみを分かち合わせます。他方、人間そっくりのアンドロイドには、感情移入ができない。感情ゆえに苦しむ人間と、それが欠けているがゆえに苦しむアンドロイド。人間の幸せとは？　いや、人間とは？　そして人類の未来は？　アンドロイドが現実になった今の時代、もう一度読み直されるべき名作です。

『下り坂をそろそろと下る』については、平田オリザさんとの「哲学カフェ」の要旨をご紹介しておきます。

この哲学カフェでは、日本社会が今後目指すべき道がテーマになっていました。これについて平田オリザさんは、新しい広場をキーワードに持論を展開されました。つまり、人々が交流し、考える場が必要だというわけです。これはまさに私の専門とする公共哲学においても最大の関心事なので、私たちの議論がそうした共通の関心によって基礎づけられていることを確認しておきました。

ただ、オリザさんは、日本社会が昔持っていた交流する場としての広場に意義を見出しつつも、現代社会においてそれをそのまま復活させるのには無理があると考えられているようでした。その点ではリアリストなのですが、しかし同時に理想主義者でもあるため、新たな広場の構築を提案されているのです。それが『新しい広場をつくる』という著書における主要テーマです。

では、いったいどのようにすれば現代社会においても人々が交流するための広場の実現が可能になるのか？　私がそのように問うと、オリザさんは現代の市場経済システムに即した形で、劇場などがそうした広場になりうると答えられました。

それがオリザさんの目指す理想の社会のあり方なのです。他方で最近オリザさんは『下り坂をそろそろと下る』という挑発的なタイトルの著書を出されています。そこで私は、話をそちらのほうにつなげました。オリザさんはこのタイトルについて、それくらい言わないと皆日本が成熟段階に入ったことを認めようとしないからだというふうに説明されました。

そのうえで、決して悲観的になろうと言うのではなく、別の幸福や楽しい生き方を発見し、育んでいくことが大事だという方向に議論は収束していきました。そして最後は、その日の哲学カフェ自体が、新しい広場の一つであることを確認して、対話を終えました。

まとめ

以上のアナリシスについて、簡単にまとめておきます。ここで私が言いたかったのは、**効率のよい頭の働かせ方を確立すべき**だということです。思考の公式化と言ってもいいでしょう。読書でインプットしたものをアウトプットする際、誰もが何らかの形で頭を使うと思います。

でも、通常それはあまり自覚されていないのです。無意識に頭を働かせ、なんとなくアウトプットしている。これが現実だと思います。それでもきちんとアウトプットできるならいいのですが、その場合の問題点は、時間がかかること、漏れがあることだと思います。

思考を公式化しておけば、あたかも決まった道をするすると通り抜けるがごとく、時間をセーブすることができます。これは決して思考をワンパターンにしてしまうということではありません。あくまで思考方法を確立し、効率よく色々なことを考えるということです。

さらに必要なプロセスをパターン化しておけば、漏れを防ぐことができるのです。今、「決まった道をするすると通り抜けるがごとく」と言いましたが、たとえば5つのお店に立ち寄って買い物をしてこなければならないとしましょう。そのとき、その5つを決まった順に訪問していけば、スムーズにいくだけでなく、飛ばしてしまうこともあり得ません。ところが、順番どころか、どこに行くかも決めていなければ、たまたまそこに行くことはあっても、毎回きちんと必要なものを調達することはできないのです。

だからと言って、負担に感じる必要はまったくありません。毎回きちんと5つの思考を行うと言っても、そう大変なことではないのです。直観なんて一瞬どう感じるか確認するだけですから、まさに一瞬でできます。構造主義も一呼吸おいて、全体を俯瞰してみるだけのことです。そしてそれは正しいかどうか一度疑ってみる。批判ですね。そのあとは、もう一度別の視点でちょっとだけ考えてみて、問題があれば解決する。これが脱構築と弁証法です。

いかがですか？　ぜひ気負わずやってみてください。要は何も考えずに言葉にするより、ほんの少しシステマチックに頭を働かせてみてから、効率よくアウトプットしましょうというだけのことです。

〈5つの思考の関係図〉

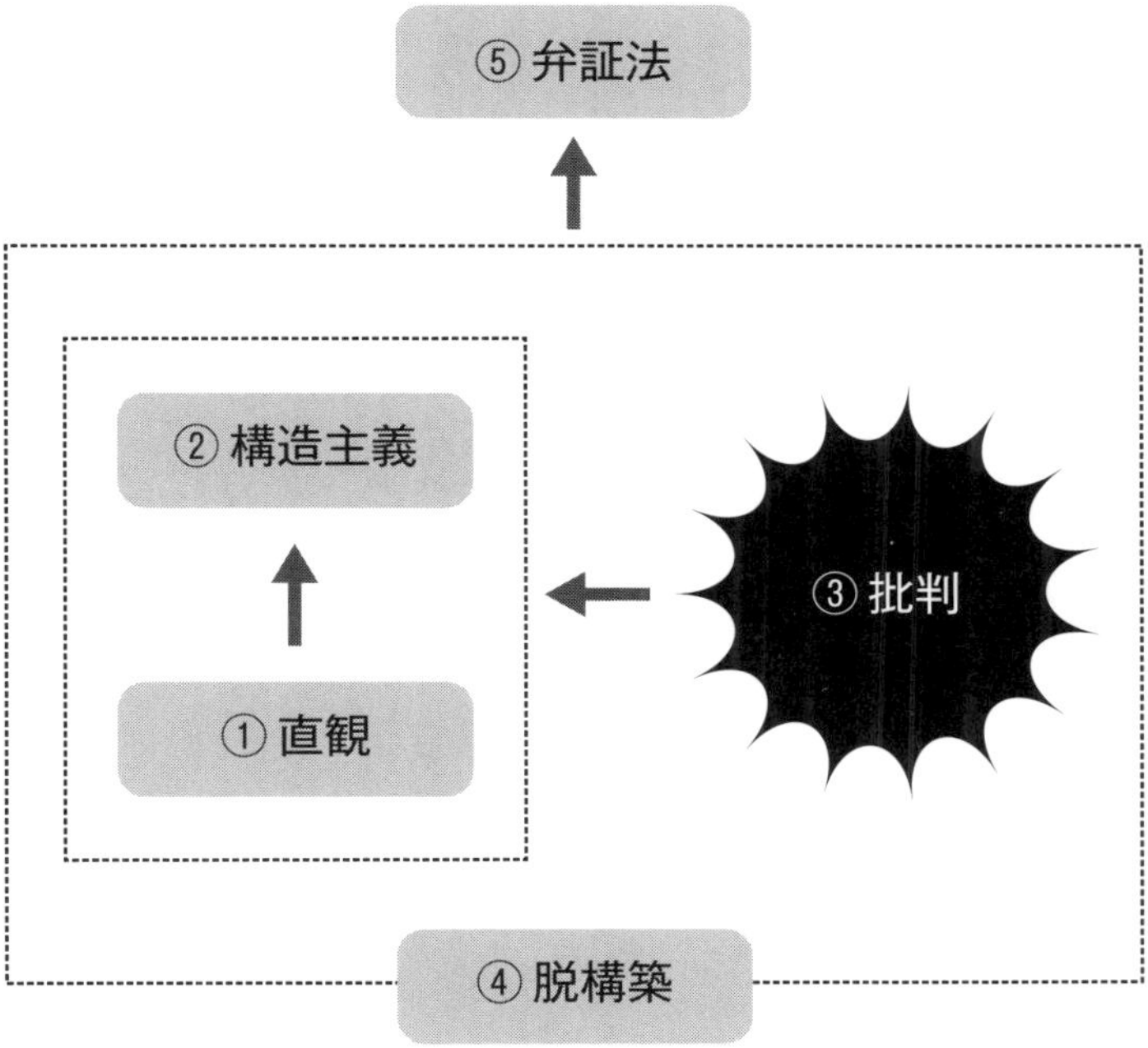

アウトプットⅠ

第5章

1週間で本番!
話すための
シーン別戦略読書術

「話す」ための本の使い方

ここからは具体的なシーン別に、読書の効果的なアウトプットの仕方やポイントをお話ししていきたいと思います。まず本章では人前で話すシーンについてです。私の場合、忙しいこともあって、ほとんどの仕事の準備は本番1週間前かそれ以内からということになってしまいます。

たとえば「哲学カフェ」の場合、毎回異なるテーマの議論をリードするために、1週間で専門家のように語れるレベルになる必要があります。それでもなんとかこれまでやってこれたということは、それなりにノウハウを確立できているのだと思います。以下では、ぜひそんな数々の経験からお話しできることを紹介してみたいと思います。

雑談―話のきっかけづくりにする

雑談は読書の知識が最も生かせる場です。なぜなら、何を話してもいいからです。後で触れるビジネスシーンとは異なり、特に制限があるわけではありません。もちろん、ＴＰＯに応じてタブーとなる話題はあるでしょうが、それはあくまで常識の範囲内だと思います。

さて、雑談はまずきっかけが重要です。一番いいのは、話題の本について話し始めることでしょう。芥川賞をとった本やタレントが書いた本、そしてベストセラーになっている本を読んでいれば、共通の話題にしやすいと思います。

入り方としては、「●●読みました?」とか「今、●●っていう本が話題になっていますね」などとジャブを打つ感じで話題にするのがいいでしょう。もっと自然なのは、話の文脈で話題の本に関連するキーワードなどがあれば、「それって今はやりの●●ですよね」などと持っていく方法です。

たとえば、仕事や人生に不満を漏らしている人がいたら、渡辺和子さんのベストセラー『置かれた場所で咲きなさい』（幻冬舎）を引いて、「置かれた場所で咲くしかないですね」などと言及するわけです。そしてこの本の話をしながら、話題を広げていくわけです。

注意しないといけないのは、いきなりネタばらしをしてしまうことです。相手がどこまで読んでいるか確認してからやらないと、フィクションなどの場合、一番やってはいけないことをするはめになります。

ポイントは**タイトル、キーワード、著者といった周辺から攻める**ことです。そして相手が食いついたところを入り口にして、内容に入っていくといいでしょう。あくまで雑談ですから、深い話をする必要はありませんが、話を広げるためには、自分なりの意見を言うことは必須です。そのためにも、どの本についても、あらかじめ自分の考えをまとめておくのがいいでしょう。

その他、有名な本ではなくても、健康や食に関する本も話題にしやすいものの一つです。健康や食は誰でもある程度関心があるはずですから、不特定多数を相手にした雑談では鉄板ネタになります。特に変わった健康法について書いてある本を読んでおけば、雑談のヒーローになれること請け合いです。

こんなふうに、雑談における読書のアウトプットの意義は、話のきっかけづくりにあります。もちろん最初から最後までその話を広げていってもいいわけですが、雑談とはとりとめのない会話ですから、とにかく続けることが大事です。そのために話題が必要で、そのきっかけづくりとして読書のネタが威力を発揮するのです。

逆に普段から、**雑談で使えるように意識してインプットしておくといいでしょう。そうするとインプットの際の吸収度、つまり集中度も変わってきます。**講演などを聞く際もそうなのですが、このネタをどこかで使ってやろうと思って聞いていると、あっという間に時間が過ぎるものです。眠くもなりません。ぜひそうやってアグレッシブにインプットし、アグレッシブにアウトプットしていただければと思います。

プレゼンテーション──本に代弁してもらう

最近は日に日にプレゼン、つまりプレゼンテーションの意義が高まっています。ＴＥＤトークの影響もあって、日本でもかなりプレゼンの技術が上がりつつあります。一方的なスピーチではなく、あくまで聴衆に語りかけるような自然なスタイルです。ご存じない方は、ＮＨＫの「スーパープレゼンテーション」を見るか、インターネットでＴＥＤの映像を見てみてください。

これまで日本人はこうしたスタイルのプレゼンが苦手でした。日本の中で日本人と勝負している間は、それでも問題ありませんでした。みんな苦手なのですから。それに日本人はプレゼンよりも中身で勝負してきましたから。

ところが、グローバル時代の今はそういうわけにはいきません。文化的背景の異なる中で意思を伝えるには、はっきりと言葉で伝える必要があるのです。ですから最近は、中身よりもプレゼンですべてが決まると言われることさえあります。

さて、そんな重要なプレゼンですから、より効果的なものにしなければなりません。そこで読書のアウトプットがものをいいます。プレゼンの各段階で用いることができるのですが、もちろん段階によって効果は変わってきます。

一般にプレゼンの特徴的な段階には大きく分けて４つあります。アクセントになる部分と言ってもいいでしょう。つかみ、転回、クライマックス、オチです。つかみで読書のアウトプットをすると、話が具体的になって、聴衆を引き込む効果があります。冒頭からなんの前触れもなく本の一節を引用して諳《そら》んじると、いかにも物語が始まったかのような幻想的な雰囲気を演出することができます。

転回では文字通り話の方向性をガラッと変えるきっかけとして、読書のアウトプットを用います。この場合は、「ところで●●という本をご存じでしょうか?」などともっていくといいでしょう。

クライマックスで用いる場合は、よほど効果的なものを引用する必要があります。しかも話の中心テーマと深くかかわっている必要があるでしょう。そうでないと、なんだか浮いた感じになってしまいます。

オチで用いる場合は、プレゼンの全体を総括するのに代えるわけですから、その本が自分の言いたかったことを代弁しているようなものを用いるといいでしょう。

これはプレゼンに読書のアウトプットを用いる場合一般に言えることですが、**目的は本を使って自分の言いたいことを代弁させること**です。そういう本を選ばないといけませんし、その目的に資するように本を用いなければなりません。

私も自分の主張と似たようなことを言っている人の本を見つけると、プレゼンのために買っておくことがあります。読むためというより、プレゼンのアウトプットのためです。こうした本の選び方や読み方は、もう100%アウトプットのためのものだと言っていいでしょう。

ディスカッション――説得の材料にする

ディスカッションの目的は合意あるいは説得でしょう。いずれを目的にするにしても、話に説得性が必要なのは間違いありません。したがって、ここで読書のアウトプットを用いるということは、**話に説得力を持たせる**意味合いがあります。

そもそも説得性とは、他者がその意見に合理性を見出すことをいいます。自分とは違う考えだけれども、なるほどその通りだなと思わせれば勝ちです。その場合、いくら自分の主観ばかり伝えても、なかなかその通りだなとは思ってもらえません。自分の意見を熱っぽく伝えるのは当然ですから、いくら言っても説得性の点では限界があるのです。

これに対して、客観的な意見は説得性を持ちます。人の評価でもよくあることですが、第三者がほめているのを聞くと、その人の株が上がるものです。自分で自分をほめているのを聞けば逆に株が下がりますが。それと同じで、自分の議論に客観的な評価を持たせるために、読書のアウトプットを用いるわけです。

つまり、**自分と同じような考え方について論じている本があれば、それを説得材料に使えばいい**のです。実はあんな有名な人も同じことを言っているだとか、あの古典にも同じことが書かれているとなると、まるでお墨付きをもらったようなものです。いくらかたくなな相手でも、少しは聞く耳を持つでしょうし、たいていの人は説得されてしまいます。

ただ、文脈の違いを意識することを忘れてはいけません。第4章の思考法でお話ししたように、引用する場合は文脈の違いについて批判的に検討する必要があります。同じフレーズでも、前後の文脈が違うだけで全く異なる趣旨になるものです。そこをきちんと説明して初めて、説得力を持ちえます。そうでないと、それとこれとは話が別だとか、文脈が違うと言われかねませんから。

それから、ディスカッションにおける引用は正確でなければなりません。うろ覚えで引用すると、曖昧になってしまって、かえって説得力を欠いてしまいます。自信のないときは、使わないほうが無難でしょう。逆にどんなときにでも使えそうなフレーズは、常にディスカッション用にストックして覚えておくといいでしょう。いわば戦うための武器のようなものです。

教える——話のアクセントにする

私も教師をしているからわかりますが、人にものを教えるというのは大変なことです。わかりやすく話をしなければならないのはもちろんのこと、眠くならないように話を面白くする必要があるからです。

そこで役立つのが読書のアウトプットです。**本から例を引いてくると話がわかりやすくなります。また、具体的なエピソードは本に限らずアクセントになる**ものです。そういうアクセントが話を面白くするのです。私は大学の講義などの際、概念の説明が続いてみんなが退屈そうになってきたときに、関連する本からのアウトプットを披露するようにしています。

しかも、こういうときは意外な本を紹介したほうが、より効果があります。いかにもという本ではなく、みんなにとって意外なもので、かつ関連のあるものがベストでしょう。そのほうが驚きがあるからです。

そう考えると、**どんな本もどこかで使えると思って読むのが大事**になってきます。日ごろこれを意識するのとしないのとでは大違いなのです。ポイントは意外性です。トリビアでもいいですし、常識に反するような内容でもいいですし、時には下品なネタもいいでしょう。そういうネタほど目が覚めるものです。自分にとって意外なことは、多くの人にとってもそうでしょうから、いつか使えるようにストックしておけばいいのです。

教師とは、常にネタを探して本を渉猟する、文字通りハンターのような存在だと言えます。いや、教師に限らず、人にものを教える可能性のある人は皆そのような心構えで読書するといいでしょう。よく教師は何時間でも話ができるようになるといいますが、きっとこういう心構えで情報をインプットしているので、自然にネタに困らないようになるのだと思います。後はそれらを関連させながらアウトプットできるかどうかです。

もし本当に場をつなぐだけなら、「～といえば●●」をやればいいでしょう。たとえば、研修を頼まれたのに早く終わってしまったようなとき。授業に出てきた話から、順番に連想ゲームのようにキーワードを関連させながら、話をつなげていけば間が持ちます。苦手な人は、日ごろから「〜といえば●●」を自分の頭の中でシミュレーションして訓練しておくことをお勧めします。

さて、以上とは全く別で、ものを教える際、テキストになるような本はかなりしっかりとインプットし、アウトプットする必要があります。多くは講義用のレジュメや板書やパワーポイントスライドという形になると思います。

この場合は、**できるだけ正確に文章やページ等の引用をするように心がけなければなりません**。間違ったことを教えてはいけないからです。また、テキストや資料の中のどこがポイントなのかよく吟味し、要領よく教えられるように準備しておく必要があります。1冊の本、あるいは複数の本の内容を伝えるとき、最初から最後まで全部について言及することは不可能です。本来、その部分を効率化するためにわざわざ授業しているのですから。

商談ー本題への橋渡し

商談、つまりビジネスの場でも読書のアウトプットは色々と活用可能です。そもそもいきなり本題に入ることは少ないでしょうから、まずは軽い話題が求められます。特に初めて顔を合わせるようなときには、アイスブレーキングが求められるものです。

そんなとき、読書は話題の一つになります。ビジネスマンは比較的本を読んでいるでしょうから、下手なテレビや映画よりは、よほど共通の話題を探しやすいと言えます。話題のビジネス書などがあれば、ばっちりでしょう。仕事の話にもすんなり入っていけるはずです。この切り替え部分がなかなか難しいのですが、本題に関連するキーワードが出てきたら、うまくつなげていくといいでしょう。**商談における読書ネタは、あくまで本題への橋渡しである**ことを念頭においておけばいいのです。

これに対して、交渉中に本について言及するのは、よほど関連性がない限り難しいものです。ただ、説得性を増すために引用したりということは可能でしょう。教養を見せることがプラスになることもありますから。相手を見て、また空気を読んでやる必要があることは言うまでもありません。

宴会で言及する場合には、比較的自由にやれます。宴会ではビジネスの話の割合のほうが少ないのがふつうですから、逆にそれ以外の共通の話題がたくさん求められてきます。そんなとき読書のアウトプットは大きな力を発揮します。もっとも、ビジネスにおける宴会は、本当はビジネスのためのものです。その意味では、実は宴会で話題になることは、ビジネスの本題とつながっています。そこを意識しておけば、より有効に読書ネタを用いることができるでしょう。

内容面でビジネスの場面でアウトプットに役立つのは、ビジネス書のほか、古典や歴史小説でしょう。古典では経営者が総じて読む『論語』や『君主論』は必須だと言えます。グローバルビジネスで、外国のお客さんと一緒に仕事をするときは、相手の国に関する話題の本や、できれば相手の国で話題になっている本に目を通しておくと話が弾むでしょう。

それから、我田引水かもしれませんが、最近は哲学にも関心が集まっているように思います。ぜひ積極的に哲学書を話題にしていただけると個人的にはとてもうれしいのですが……。

スピーチ――格調を上げる

誰しも一度くらいは結婚式やパーティーなどでスピーチをする機会があると思います。いいえ、自己紹介も含めると、一度どころではないでしょう。会社によっては、朝礼の際、持ち回りで簡単なスピーチをするところもあるようですし、中には本格的に人前でスピーチをする人もいるかもしれませんね。私の知り合いでも、普通の主婦だったのが、脱原発のデモに参加したのをきっかけに、人前でパブリック・スピーチをするまでになった人がいます。準備していたときはまだいいですが、いきなり人前に出ないといけないようなときもあるでしょうから、これも日ごろから意識しておくことが大事です。

スピーチの場合も、やはり読書のアウトプットは主張の説得性を高めたり、話に具体性を持たせたり、アクセントをもたらすのに役立ちます。これに加えて、**スピーチの場合読書ネタが効果的なのは、話の格調を高める**ことです。皇室の結婚式で、当時都知事だった石原慎太郎がスピーチをした際、哲学者のベルクソンを引いていたのを覚えています。それによってスピーチが格調高く聞こえたものです。

こういうことができるようになるためには、**日ごろから名言や心に刺さる言葉を探しながら本を読むのがいい**でしょう。さらに、名言に言及する前の枕として、その別の箇所でも話題にできるところを探しておくとなお効果があります。まず、そうすることでその本を丸ごと読んでいることをアピールできます。名言一つだけだと、いかにも聞きかじりといったイメージを与えかねません。

たとえば、ヘーゲルの『法の哲学』から、後のほうに出てくる「国家は具体的自由の現実性である」という話を引く場合、私は枕として序文にある理想と現実を一致させる話をしておきます。国家が個々人の具体的自由を実現するなどというのは、現実に鑑《かんが》みるとなかなか難しそうです。でも、ヘーゲルは理想と現実を一致させなければならないと言っているので、そこをきちんと話しておくと、なるほどと思わせることができます。

もちろんとってつけたようにこんな話をしても格調は上がりません。ヘーゲルのネタでスピーチの格調を上げるためには、それを引用する必然性が不可欠です。というのも、スピーチは誰しもかっこよくしようと努めるものなので、とってつけたような強引な引用をしがちなのです。それではかえってかっこ悪いものになってしまいます。タキシードで決めたのに、サイズが合っていないなどというような滑稽なことにならないように注意が必要です。

コメント―オリジナリティを出す

最後に、コメントをする場合について書いておきたいと思います。コメントというのは人の意見に対して何かを言うことです。これは日常会話でもありますし、仕事の場面でもあるでしょう。あるいはコメンテーターという役割もあります。私の場合はテレビでコメンテーターを頼まれることがあったり、学会で人の発表に対してコメンテーターを頼まれることもあります。ビジネスパーソンなら、上司や取引先から意見を求められる場面が考えられます。

テレビのコメンテーターの場合は、限られた時間の中で的確なコメントが求められるため、かなり高度なスキルが必要です。だんだん慣れてくるものですが、普通はそんなに慣れるまでやることはないでしょう。そこで、少しノウハウをご紹介しておきます。

コメントはわざわざする意味のあるものでなければいけません。ということはつまり、オリジナリティが求められるということです。人からコメントを求められたときは、この部分を強く意識するようにしてください。そして、そのオリジナリティの部分に読書のアウトプットを生かすわけです。

しかも時間が限られているので、引用は最小限にする必要があります。**具体的には、①著者名、②本のタイトル、③引用するフレーズ、④出来事との関連性及び得られる教訓の４つの項目を、要領よくまとめて話さなければなりません。**

一例を挙げると、以前テレビで塾産業が加熱しているというニュースがあったときに、①パスカルの②『パンセ』を引いて、③パスカルが本当の思考には、幾何学の精神に加えて繊細の精神が必要だと言っていることを紹介しました。幾何学の精神とは合理的思考のことで、繊細の精神とは感情のことです。④つまり、塾で詰め込み型の勉強だけしていては、感情の部分がおろそかになってしまい、本当の意味での思考力は身につかないということです。

もちろん時間があるときは、もっとじっくりと話せばいいと思います。これもプレアウトプットがしっかりできていれば、いくらでも話をふくらませることができます。

繰り返しますが、**わざわざ人にコメントを求めるということは、その人のオリジナルな見解に期待しているから**です。ですから、コメントを求められたほうは、その期待に応えなければなりません。先ほどのパスカルの『パンセ』の例は、私のオリジナリティを出すにはぴったりなので使いました。というのも、私は哲学者だからです。

もしあなたが料理人なら、料理にまつわる本の引用をするのがいいでしょう。つまり、自分の立場に関連する本を引用することで、その人のオリジナリティが出るわけです。それは仕事に限らず、ユニークな体験でもいいと思います。だからテレビのコメンテーターには様々な職種の人が選ばれますし、仮に仕事は普通でもユニークな体験をしていれば、それだけで意見に価値が出るのです。

アウトプットⅡ

第6章

1週間でプロ級！
文にまとめる
シーン別戦略読書術

「書く」ための本の使い方

今度は口頭で話すのではなく、文章にまとめる場合の話です。文章にまとめる場合は、口頭で話す場合と異なり、より正確さが求められます。そのへんに注意しながら1週間でプロ級になるアウトプット術についてお話ししていきたいと思います。

企画書――ネタにする

まず企画書です。新商品でもイベントでもなんでも、とにかく企画は面白いものやターゲットの興味を引くものでなければいけません。オリジナリティやユニークさが求められるということです。わくわくしない企画に賛同してくれる人なんていませんからね。

私も本の企画などをよく提案するのですが、そのときはできるだけ壮大な夢を描くようにしています。心配しなくても、色んな人の目を通る中で、自然に現実的なものになっていくので、最初は壮大なくらいがちょうどいいのです。あたかも奇跡が起こるかのようなストーリーを描くのです。

そのとき、読書のアウトプットは三つのアプローチで役立ちます。一つは、本をネタに企画をつくるというものです。映画や演劇は本が原作になっていることが多いですが、別にイベントでもなんでも応用できると思います。

二つ目は、読んだ本で面白いと思った物語を参考にして企画を立てる方法です。これは本をそのままベースにするのではなくて、あくまでそこからヒントを得るという感じです。本の中のあるキャラクターでも、言葉でもいいですが、何かにインスパイアされるということがあると思います。

三つ目は引用です。これはただ企画の一部に、本を引用して説得性を増したり、箔付けをするということです。

こうした企画をつくる際に参考にする本は、どんなジャンルのものでもいいわけですが、個人的には意外と小説が使えると思っています。というのも企画は物語だからです。ストーリーがあって、人々を引き付けることのできる小説は、企画のアイデアにぴったりです。ぜひ小説を読むときは、自分の仕事の企画に役立てることができないか考えてみてはいかがでしょうか。

実はかつて私が『7日間で突然頭がよくなる本』（PHP研究所）という本を書いたとき、ふと頭をよぎったのが『ぼくらの七日間戦争』（KADOKAWA）という小説でした。中学生が管理教育に反発して反乱を起こすストーリーですから、中身的にはまったく関係はないのですが、このタイトルにインスパイアされたのは間違いありません。

いずれにしても、企画がアイデアの提案である以上、そこにはネタが求められます。どんな使い方をするにしても、**企画書における読書のインプットは、あくまで企画のためのネタです。逆に読書しているときは、常にこれが何かのネタにならないかという見方をしてみるといい**でしょう。小説でさえもビジネスのネタになるのです。ほかのジャンルの本もすべてビジネスのネタだと思って読んでみることをお勧めします。

レポート─彩りを加える

レポートは、大学生も社会人も書く機会の多い日常的なものだと言えます。何しろ自分がやっていること、やったことの報告ですから。レポートを書けないというのは、何もしていないのと同じです。

仕事なら日報や月報、営業成績に関する報告や出張報告などがあるでしょう。これらは全部レポートです。大学ならレポートは日常的な試験と言っても過言ではありません。それで成績がつくわけです。

さて、そんなレポートに関して、いったいなんのために読書のアウトプットを用いるかです。一言でいうと、彩りを加えるためです。レポートには伝えたいこと、伝えるべきことがあります。営業成績の報告なら営業成績そのものです。そして大学の日本文化論の授業のレポートなら、授業を聞いて何を学んだかです。

しかし、それらの内容を伝える際、より効果的に、より説得的にするためには、何か材料がいるのです。そのとき読書のアウトプットが役立つわけです。レポートで伝えるべきことだけを伝えればいいのなら、1行から数行で済んでしまいます。でも、それでは味気ないのです。

私が日ごろ学生に課しているような大学のレポートでは、一言で済ませそうなこともあえて数千字を費やして書かせることにしています。そうすることで、レポートは豊かな内容になるのです。そこで、**関連する本を読ませて、あるいは自分で関連する事項を調べさせて、その関連する本や参照した資料を注に挙げさせる**のです。

これが彩りです。ただし、彩りと言っても単なる飾りという意味ではありません。そうではなくて、内容を彩る、充実させるということです。ですから、無意味に本を参照して膨らませればそれでいいわけではありません。それは彩りではなく、着膨れのようなもので、不細工になるだけです。

先ほどの日本文化論で言えば、茶道は日本人の精神の神髄だということを言うために、岡倉天心の『茶の本』を引用するのは彩りですが、お茶の健康法の本まで行ってしまうと、もう着膨れなわけです。皆さんのレポート、着膨れになっていませんか？

公文書──柔らかくする

公文書というのは、行政機関による文書のことです。読者の中には公務員の方もいらっしゃるでしょうから、公文書についてもお話ししておきましょう。実は私は6年間名古屋市役所に勤めていたうえに、この10年間ずっと行政機関の審議会委員を務めているので、結構公文書にはかかわっているのです。

もちろん、役所からくる通知などは、一般には無味乾燥なものが多く、読書のアウトプットをはさむ余地などありません。ただ、そういう形式的なもの以外は、手紙と一緒で、いきなり本題に入るのはかえってぶしつけに感じられるのではないでしょうか。そこで紋切り型のあいさつではなく、もっと人間味のある前置きがあると、市民も役所に好感を持つように思うのです。

私が所属していた係の係長は、よく課長や部長などのあいさつ文をつくっていたのですが、毎年使いまわしができるような紋切り型の文章が嫌いで、毎回その時期にあったユニークな文章を考えていました。すると、課長や部長があいさつしたときに、その場にいる人たちが皆ハッとした表情を浮かべて、そのあいさつに耳を傾けるのです。

私もそれを真似て、審議会の委員長として市長への答申をつくったときに、できるだけ人間味のある文章を心がけました。その際、読書から得た知識をちりばめたのです。たしか公共哲学の祖ハンナ・アーレントの『人間の条件』を引いて、市民による地域活動の重要性を説くなど、自分で言うのもなんですが、なかなか格調高い文章になったように記憶しています。

役所の文書が形式的になるのは、中立性が求められるからです。だから本から引用すると、内容が偏るのではないかと危惧してしまうのです。その意味では、古典などある程度内容が普遍的なもの、評価の固まっているものを引用するのはなんら問題ないと思います。

市民と役人はとかく対立しがちですが、何か共通項があればもっと円滑にコミュニケーションできるように思うのです。その際、**読書は共通項の一つになるはずです。そして公文書のイメージを柔らかくします**。ぜひ公文書でも読書のアウトプットを使って、市民との距離を縮めてみてはどうでしょうか。

自己ＰＲ─自分を光らせる

自己ＰＲというのは、履歴書や求人のエントリーシートのような書類のことです。履歴書はさすがにフォームが決まっていますが、その中の志望動機の欄は何を書いてもいいのが普通です。だから読書のアウトプットは様々な形で生かせます。

いや、その他の欄でさえも、読書のアウトプットで自己ＰＲすることは十分可能です。たとえば、趣味の欄に読書と書く場合、単に「読書」と表記するのではなく、もっと具体的に「19世紀ロシア文学の読書」などと書くと、いかにも気になります。もちろん、本当に読んでいないとだめですよ。

ちなみに19世紀ロシア文学というとなんだかマニアックに聞こえますが、実はトルストイの『戦争と平和』やドストエフスキーの『罪と罰』のことですから、結構読んだことがある人も多いのではないでしょうか？　それを単に「読書」と書くより、「19世紀ロシア文学の読書」と書いてみてはどうかということです。これは他の文学でも同じ手が使えます。なんでも言い方次第です。あるいは、座右の銘を読んだ本から引用するというのも知性と教養をＰＲすることになるでしょう。

志望動機については、会社を選んだ理由でもなんでも、読んだ本とうまくつなげるといいと思います。高尚なものほどかっこいいですが、別に漫画でもいいと思います。私は『ブラック・ジャック』（秋田書店）を読んで医者になったという人をたくさん知っています。

入試の書類や就活のエントリーシートのようなもの以外にも、婚活の際の自己ＰＲにも読書のアウトプットは威力を発揮します。婚活のＰＲシートに、読書で培った知性と教養をキラリと光らせれば、かっこよく見えるはずです。やりすぎると嫌味ですが、少しそういう部分があるだけで他の人と差がつくものです。

私ならこう書きます。

小川仁志46歳。趣味は、ドイツ観念論及び京都学派の哲学書を読むこと。愛読書はヘーゲルの『法の哲学』と西田幾多郎の『善の研究』。

え？　嫌味ですか？　私の場合は哲学が仕事ですから、これくらいなら問題ないと思ったのですが、婚活シートなら引かれるかもしれませんね。

知性とは少し異なりますが、男性ならイケメンに見える本を選ぶのも有効です。それを愛読書として書いておくと、まるで自分がイケメンであるかのような印象を与えることができます。女性なら美人に見える本です。これは表紙がイケメンや美人の本で、かつその表紙がよく知られているとか、あるいはタイトルがそれを想起させるものであるとか、主人公が美男美女のものなどを選ぶといいでしょう。

手紙—気持ちを伝える

幸か不幸か、メールやSNSが主流となってしまったために、なかなか手紙を書く機会はないかもしれません。でも、だからこそたまに手紙を書くときには、ぜひ気合いを入れて書きたいものです。そこで読書のアウトプットが役立ちます。

この時代にわざわざ手紙を書くということは、よほどのことでしょう。お礼かお詫びか、ラブレターか。とにかく、心を込めて相手に気持ちを伝える必要があるのには違いありません。

このとき、**読書のアウトプットは、言葉の引用という形で効果的に用いることができる**と思います。誰かの言葉を自分の言葉に代えて、相手に贈るのです。自分の言葉で語らなくていいのかと思う人がいるかもしれませんが、適切に引用して語る場合、それはもうれっきとした自分の言葉です。

よく考えてみてください。私たちが日ごろ使っている言葉の何パーセントがまったくのオリジナルのものなのか。たとえば自分の言葉で「愛してる」と書いたとしましょう。でも、実はこれは誰かがすでに使った言葉です。しかも何万回、いや何億回と。それを私たちは自分の言葉として使っているのです。

だからそんなことを気にする必要はありません。大切なのは気持ちです。極端な例を挙げましょう。あなたは、あなたのことをすごく大切に思ってくれている人から、愛をテーマにした有名な詩を書き写した手紙をもらったとします。便箋3枚にわたり、その詩が丁寧に書き写されている。そのほかには一切の言葉や文字はありません。

さて、封筒を開けてこの手紙を見たあなたは、どう感じるでしょうか？　私なら感激して涙が出るかもしれません。きっとこの素晴らしい詩と同じ気持ちをあの人は抱いてくれているのだと思うからです。手紙をくれた人も、自分の言葉はこの詩以上には表せないと思ったから、あえてそうしたのでしょう。

このように、心を込めて自分の言葉で書くべき手紙であっても、いくらでも読書のアウトプットを生かすことができるのです。ぜひ遠慮することなくやりましょう。**筆不精で、中身を考えているうちに出しそびれるくらいなら、自分の気持ちを表している本を引用すればいい**のです。手紙で一番大事なのは、気持ちを伝えることですから。

ブログ・SNS——インパクト勝負

最近はブログやSNSで自分の思ったことや日常の様子を発信をする人が増えています。しかも小学生からお年寄りまで、非常に幅広い年齢層の人たちが発信するようになっています。アナログ人間を自認するさすがの私でさえも、ブログのほかツイッターやフェイスブックを使用しています。もっとも、ツイッターは最近はブログの更新案内だけになってしまっていますが。

ブログとSNSでは少し異なるので、分けてお話ししていきましょう。まずブログですが、これは文字数に制限があるわけではないので、好きなだけ好きなことを書けばいいと思います。ただ、あまり長いと読んでもらえません。せいぜいパソコンの画面に収まる程度でしょう。それでもスマホなら多少ページをスライドしてもらわなければなりません。文字数で言うと、500字前後ではないでしょうか。

実はウェブのコラムなどでも2000字でやっていたところ、ある日編集部からもっとさっと読めるように1300字くらいにしてほしいと変更を頼まれたくらいです。皆わざわざ時間をとって読むのではなく、ちょっとした隙間時間に覗き見る程度だからだそうです。ブログもきっと同じなのだと思います。現に私も、他人のブログはそうやって覗き見する程度です。

さて、**そんなブログで読書のアウトプットを表現するには、ずばり本の紹介をしてもいいですし、話の中にさらっと知識をちりばめるのでもいい**でしょう。全体で500字程度ということは、本の紹介などにはちょうどいい分量です。実際、そうやって読書日記のような形でブログを使用している人もいます。

これに対してSNSのほうは、より一層短くするのがポイントです。ツイッターならそもそも140字という制限がありますし、他のものでも数行で済むのがSNSのいいところですから。

そうなると、読書のアウトプットはもうタイトルプラス一言紹介くらいになるでしょう。**本の知識を盛り込む場合も、一言で済ます必要があります。ですから、この**

場合は最も人を引き付ける表現を選ぶのがいいでしょう。ハッと気になるような。そこで参考になるのが、週刊誌の見出しです。「●●W不倫！」のような。ぜひ今度そういう目で週刊誌のつり革広告を見てみてください。要はインパクト勝負です。

本の紹介―読む気にさせる

本の紹介は私がよく仕事で依頼されるものです。ネットのブックレビューを書いたり、読書イベントで本を紹介する機会のある人もいるのではないかと思います。私の場合は、とりわけ哲学書の紹介を依頼されることが多いです。いつも気を付けているのは、**その本を読みたくなるように書く**ことです。難しいのは、よほどしっかりとした書評でもない限り、紹介文はたいてい10行くらいのものだという点です。

たとえそれが難解な哲学書であっても、たった10行ほどで紹介しなければならないのです。これはなかなか大変です。そこで、内容を絞らなければなりません。必須なのは概要と読みたくなるポイントです。概要については、どういう本なのかを簡単に紹介すればいいのですが、決してネタばれしないように注意しなければなりません。

特に物語の場合は細心の注意を払います。

次に、読みたくなるポイントについては、その本を紹介する特集の趣旨などに合わせる必要がありますが、基本的には予告編方式でいきます。つまり、「はたして●●の運命は？」といったイメージです。映画の予告編を思い浮かべながら書くといい感じになるでしょう。

あとは付属的な情報です。著者が有名な人ならその旨を書いたり、映画化されているならそういう情報を付加したりして、興味を持たせます。最後に、百聞は一見に如かずで、私が最近書いた紹介文をそのまま掲載しておきます。R・J・パラシオ著、中井はるの訳『WONDER』（ほるぷ出版）の紹介文です。

世界中でベストセラーになっている新しい児童書です。みんなが逃げていくような顔に生まれてしまった主人公の男の子、オーガスト。顔以外はまったく普通の子なのに、いや、普通以上に素晴らしい子なのに、みんな外見で判断して敬遠してしまいます。外の世界を恐れるオーガスト。でも、学校に行き始めると、不思議と彼はどんどん強くなっていきます。そして最後はみんなからスタンディン

グ・オベーションを浴びるほどの存在に……。

人はいったいどうやって強くなっていくのか、そしてこの本のタイトルである英語wonderは何を意味しているのか？　ぜひそんなところに目を向けながら読み進めてもらえればと思います。

どうですか？　読んでみたいという気になりましたか？　もしそんな気になっていただけたとしたら、私も合格です。読む気にならないとしたら……、いや、そんなことはないと信じます！

読書感想文―心を震わせる

読書感想文は昔から私の一番好きなジャンルの一つでした。本を読むと、その感想を表現したくなるものです。読書感想文の場合、それを人に伝えることができるのですから、こんなに素晴らしいことはありません。これぞ「ザ・読書のアウトプット」です。しかし、子ども時代に読書感想文を苦手にしていたという人は多いようですし、お子さんが苦戦しているのにうまくアドバイスできないという親御さんも多いのではないでしょうか。

読書感想文のコツは、**とにかく感動を伝える**ことです。本を読んだときの感動をそのまま伝えることができれば成功です。そのためには、自分が読んで泣きそうになるような文章を書けばいいのです。

その際、直接的な表現をしてしまってはいけません。たとえば、『走れメロス』を読んで、「泣きそうになりました」などと表現したらもう台無しです。そうではなくて、もっと間接的に表現するのです。「人間はどこまでも人を信じ抜くことができる素晴らしい存在なのです。たとえ自分の命を犠牲にしたとしても……」というような感じで。

もう一つは、やはりユニークな視点です。学校で課題として出される読書感想文は、課題図書のようにみんなが同じ本を読むことが多いです。だからどうしても同じような内容になってしまうのです。そんな中で光る読書感想文を書くには、人と違った視点を出すのが一番です。

そのためには、**自分の経験と重なる部分に着目する**といいでしょう。というのも、自分の経験は自分だけのユニークなものですから、必然的に個性が出るわけです。しかも、事実は小説より奇なりではないですが、個人の経験は具体性があって面白いものです。

もちろん、こうしたユニークな視点だけだと、作者の言いたいことから外れている可能性がありますので、そこの部分をフォローしておくべきだということは言うまでもありません。割合で言うなら、そういうオーソドックスな部分が3割、ユニークな視点で斬る部分が7割くらいでいいのではないでしょうか。

感動を伝えるという点にも、ユニークな視点を出すという点にも共通しているのは、読み手の心を震わせるということです。本を読んで感動したなら、その感動をそのまま伝えることで、読み手の心を震わせなければいけません。ユニークな視点も「おおっ」とか「なるほど」と思ってもらうには、やはり読み手の心を震わせる必要があるのです。ぜひ自分の文章を読んだ人が心を震わせている姿を想像しながら書いてみてください。きっと伝わるはずです。

アウトプットⅢ

第7章

アウトプットを効果的にする文章術

読書を生かす優れた文章力

かつて私は『覚えるだけの勉強をやめれば劇的に頭がよくなる』（ＰＨＰ研究所）という本の中で、文章作成術について書いたことがあります。ただ、そのときはただ文章を書くという漠然としたテーマでまとめただけです。今回はそれを読書のアウトプットをするという視点で再構成して提示していきたいと思います。

いくらいいアウトプットの内容を持っていたとしても、それをうまく表現できなければ、宝の持ち腐れです。いいネタを持っている記者は、それを文章としてうまく表現する力があるから記事を書けるわけですし、場合によってはその記事でスクープや賞まで手にすることができるのです。作家も同じです。書きたいことはあっても、それをきちんとした文章にできなければ意味がありません。

同じようなノウハウを知っているビジネスパーソンの中でも、それをビジネス書として世に出して大成功する人とそうでない人の違いは、文章力です。会社での企画書もそうですし、学校でのレポートもそうでしょう。**とにかく中身が同じなら、あとは表現力で差がつく**のです。

いや、極端なことを言うと、中身が劣っていても、文章がうまければ逆転も起こりえます。ですから、ぜひアウトプットの総仕上げとして、この文章術を参考にしていただけると幸いです。私も一応作家のはしくれとして、これまでたくさんの本を出していますので、それなりのノウハウの蓄積があります。ここではそれを余すところなく披露したいと思います。

執筆のプレアウトプット

読書の際にもインプットの前のプレインプットが重要だという話をしました。また、アウトプットのための下ごしらえとして、プレアウトプットの方法についても詳しく論じておきました。その理屈はやはり執筆そのものについても当てはまります。

物事の成否は、なんでも段取り次第なのです。

そこで、執筆前のプレアウトプットとしては、**①全体構成を考え、②どの本のどこをどう使うか整理し、③最後にスケジュールを立てる**という作業をきちんと行っておくことをお勧めします。

まず、①全体構成です。第４章のアナリシスのところで書いたように、全体構造を把握することは、読書をするときも、文章を書くときも必須の作業になってきます。ラフな図でもいいので、Ａ４の用紙１枚に全体のイメージ図を書いてみるといいでしょう。フローチャートのようなものでいいと思います。

もちろん文章で目次のようなものをつくるというのもいいですが、人間は全体を把握するとき、情報を一気に頭に入れようとするものです。特に視覚的に把握するときは、情報が絵になっているほうが頭に入りやすいのです。それは交通標識を考えればよくわかると思います。交通標識は、パッと見てわかるように絵になっているのです。その絵に文字を補足的に書き加えればいいと思います。

ここで考慮しなければならないのは、中身だけではありません。ターゲットとボリュームについても決めておく必要があるのです。ターゲットというのは、読み手のことです。いったいどういう人に向けて書くのかで、文章のスタイルはまったく変わってくるからです。

ボリュームというのは、文量のことです。ボリュームによって、中身の濃淡も変わってきます。Ａ４用紙１枚のレポートと10枚のレポートとでは、書く内容も変わってくるでしょう。

これらターゲットとボリュームを考慮しながら、中身を決めていくことになります。メインテーマが決まっていなければ、帰納法を使って固めていけばいいでしょう。逆にメインテーマが決まっていれば、演繹法を使って展開を考えればいいのです。

帰納法とは、イギリス経験論の祖ベーコンによって確立された思考法のことです。帰納法は、実験と観察を通じて、個別の事例をまとめることで見えてくる事柄を、一般的・普遍的な法則へと導く方法を指します。個別の経験を重視するという点で、経験論から帰結する思考法です。

ですから、**何か気になっている事柄があれば、それらを並べてみて、そこに共通するテーマを探り出していけばいい**のです。私も最近、日本語の日常語を哲学することで幸せな気分になるための本を出したのですが、このときは帰納法的にテーマを決めました。「日本語」、「日常語」、「幸福」、「哲学」といったテーマを並べて、それらをまとめていったのです。もちろん最初からこれらのキーワードに絞り込めたわけではありませんが。

これに対して、演繹法とは一般的な前提から始めて、三段論法などの論理法則に基づいて個別の要素を導いていく方法を指します。これはフランスの哲学者デカルトを祖とする大陸合理論から導かれるものです。経験的にではなく、あくまで頭で考えていきなり公式を提示するような発想です。

したがって**演繹法によると、何か直観的に書きたいテーマがボンと出てきて、それをどう展開していくか後から考えるというアプローチになります**。実はほとんどの場合、私はそうやって本のテーマを決めて執筆しています。本書もそうです。読書法について書こうと決まってから、どういう読書法にするか考えたり、どんな章立てにするか考えたりという作業を行いました。

帰納法も演繹法もどちらも優れた思考法であり、どっちが正しいということはありませんので、好き嫌いで選べばいいと思います。あるいは、ケースバイケースでもいいでしょう。テーマが決まっていないときは帰納法で、テーマが決まっているときは演繹法でいけばいいのです。

さて、そうやってテーマが決まったら、次は構成、つまりどういう展開にするか考えなければなりません。よく学校で起承転結と習いますが、私はこれを少しアレンジして、**「つかみ、メイン、クライマックス、オチ」という展開**を意識するようにしています。本なら前書きや第1章がつかみです。そして本題であるメインが来て、どこかに山場としてのクライマックスを用意します。最後は終章かあとがきにオチを持ってきます。プレゼンやスピーチと同じで、人を引き付け、満足してもらうためには、こういうドラマチックな展開が不可欠なのです。

次に、②どの本のどこをどう使うか整理するという作業です。読書でしっかりとインプットし、プレアウトプットを経て「使える化」された本は、いずれもアウトプットに向けたスタンバイの状態にあるはずです。ようやくここでそれらを引っ張り出してきて、全体構成の中にちりばめていくのです。この章では、あの本のあの部分を引用する、といったように。

最後に③のスケジュールです。全体構成の中に読書のアウトプットをどう使うか位置づけてみると、だいたいのスケジュールがつかめるはずです。大事なことは**余裕を**

もって計画を立てるということです。世の中何が起こるかわかりません。私もこの本の原稿を執筆中にパソコンのトラブルが生じ、かなりの分量を一から書き直す羽目になりました。何があっても間に合うくらいのスケジュールが理想ですが、なかなかそうもいかないでしょうから、できるだけ余裕をもたせる努力をするという意識が大事だと思います。

そもそもそうでないと、書くのが嫌になってしまいます。どんなに好きなことでも、ノルマになってしまって、しかも締め切りに追われるようだとやろうという気になりませんよね。文章を書くのは本来とても楽しい作業です。自分の思いや考えを文字という形で表現する。そしてそれを誰かに読んでもらう。こんな楽しいことはありません。それが嫌になってしまっては元も子もないので、スケジュールにだけは余裕をもたせなければならないのです。私も今、この言葉を自分に言い聞かせるように書いています……。

〈執筆のプレアウトプット〉

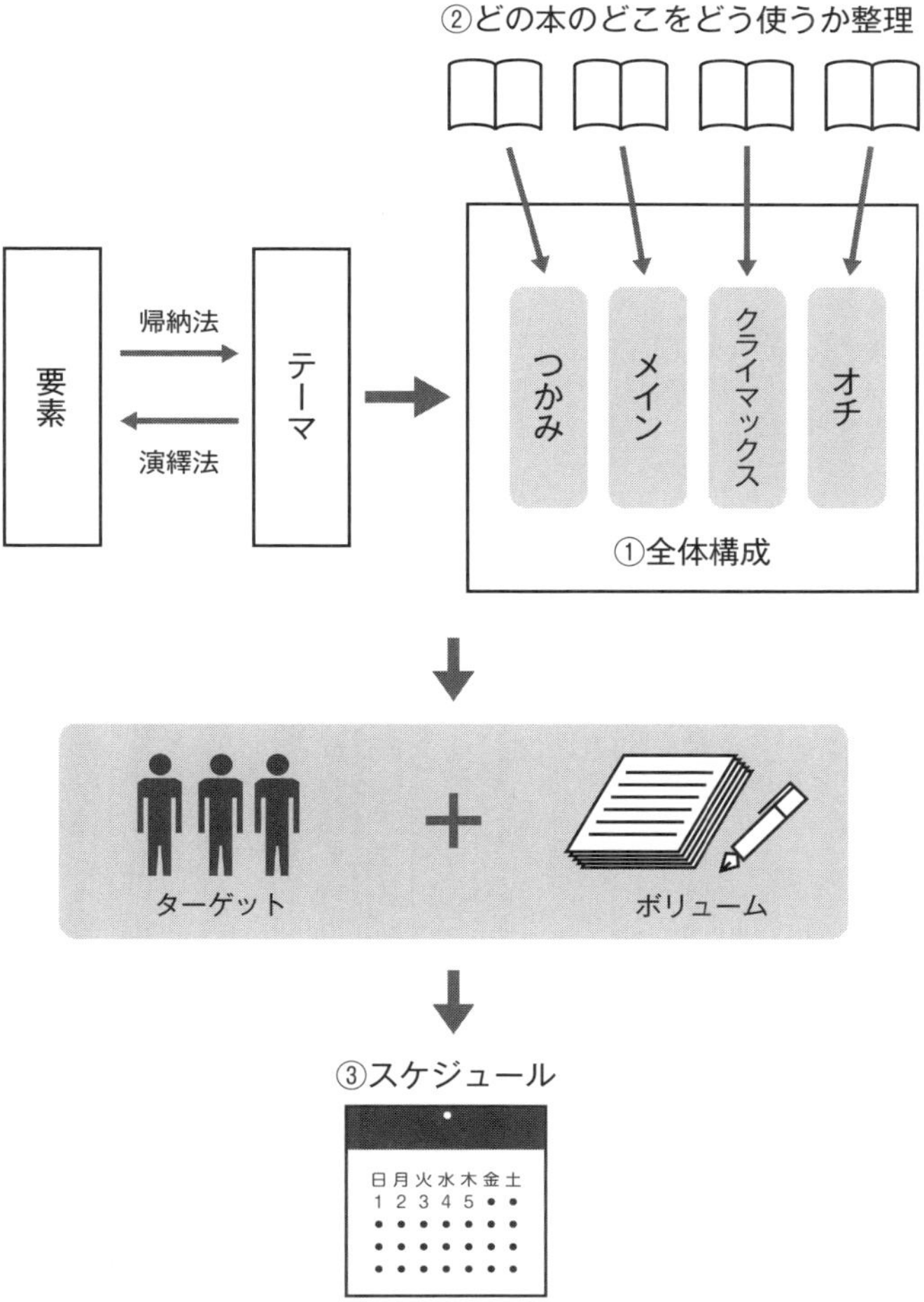

文章のセンスはリズムで決まる

私の文章はよくテンポがいいと言われます。あるいはリズムがあると言われることもあります。実はこれはすごく大事なことです。なぜなら、文章は人に読んでもらうことを念頭に置いているからです。読み手にとって心地よいものであればあるほどいいと言えます。そして、**読んでいて心地よいというのは、リズムがあるということ**にほかなりません。なぜなら、リズムがあると、すっと読めるからです。音楽と同じだと思ってもらえばいいでしょう。そのためには、一文をなるべく短く、テンポよくすることです。

いかがですか？　テンポを感じていただけていますか？　今の書き出しのテンポを崩してみますので、比較してみてください。そうしないとテンポがいいか悪いかわからないと思います。普段読み手は、そのようなことを気にせず読んでいるはずだからです。それでは用意はいいですか？　いきますよ……。

「私の文章はよくテンポがいいと言われますし、リズムがあると言われることもあります。実はこれはすごく大事なことで、文章は人に読んでもらうことを念頭に置いているから、読み手にとって心地よいものであればあるほどいいと言えます。読んでいて心地よいというのは、リズムがあるということにほかなりません。なぜなら、リズムがあると、すっと読めるからで、音楽と同じだと思ってもらえばいいので、そのためには、一文をなるべく短く、テンポよくすることです。」

まったくひどいですよね。自分で読んでいても、まるでサスペンションの悪い車に乗せられてガタガタ道をドライブしているような感じです。車酔いではないですが、思わず「文字酔い」してしまいました。やはりテンポは大事ですねぇ。

さて、それからもう一つ、リズムを生み出すための重要な技があります。それは、**文末の表現を変える**ことです。同じ文末表現が続くと、リズムが出ません。しかもあまり知的に見えません。私も校正の際には、特にこの点に気を付けるようにしています。たとえば、次のような文です。

「去年の夏は読書のためにたくさんインプットしました。とても苦労しました。今年の夏はもっと本を選んでやりました。」

と、次のようになります。

「〜ました」が3回も続きます。同じことを言うのに、一部を別の表現にしてやる

「去年の夏は読書のためにたくさんインプットしたのですが、とても苦労しました。そこで、今年の夏はもっと本を選んでからやったのです。」

いかがでしょうか？　リズムが出たと思いませんか。リズムには変化が必要なのです。文末の表現を変えてやることで、各文章に変化が生じるわけです。

主語と述語をしっかり対応させる

日本語は主語を省略できる言語です。そのため、つい「命が大切だと言うのです」

などと書きがちです。前後の文脈から主語が明確な場合はいいですが、そうでないと、誰が命が大切だと言っているのかよくわかりません。特に読書のアウトプットをしている場合は注意が必要です。その本の著者がそう言っているのか、自分自身がそう思っているのかはっきりせず、読み手が混乱してしまうからです。

もう一つの注意点は主語と述語の関係性です。**主語と述語をしっかり連動させる**意識がないと、主語が「私」なのに述語の部分が「私」以外の人の動作になっていたり、能動態と受動態が正しく使われていなかったり、ということが発生しやすくなります。たとえばこんな感じです。

「私は昨日車に追突されて、現場が混乱していたので、追突した人に連絡先が伝えられませんでした」。

「私」という主語に対して、述語が「伝えられませんでした」になっていますが、これでは対応関係が不明確ですよね。おそらくこの述語は、「連絡先が」という主語に対応した受動態になってしまっているのだと思います。したがって、「私」という主語に対応させるなら、本来は次のようになるはずです。
「私は昨日車に追突されたのですが、現場が混乱していたので、追突した人に連絡先を伝えることができませんでした」。

今でこそ偉そうに書いていますが、私も市役所で文章を作成しているとき、結構このような失敗をしでかしていました。

というのも、市役所の文章は、色々なことを言わないといけないので、どうしても一文が長くなってしまうのです。法律の文章と同じです。その結果、悪文になってしまいます。私の場合は書いている最中に、主語と述語が対応しないという致命的なミスまで犯してしまっていたのです。これを防止するには、**一度書いた文章を、主語と述語が対応しているかに注意しながら読み返してみる**ことです。

接続詞によって文章を論理的にする

私の文章は接続詞がやや多めです。まったくなくても同じ文章が書けるのですが、**あったほうが論理が明確になります**。たとえば、「文章術は人それぞれ。共通したルールはある。その点を学ぶとよりうまくなる」という文章を考えてみましょう。これだけでも十分意味は通じます。でも、次のように接続詞を入れてみるとどうでしょうか？「文章術は人それぞれ。でも、共通したルールはある。だからその点を学ぶとよりうまくなる」。よりはっきりしますよね。これは単純な文の例ですから、さほど困らないかもしれませんが、複雑になればなるほど接続詞が威力を発揮します。

もちろん、それによって文章が固くなるのは否めません。ただ、どちらを重視するかです。小説や詩ならあまり使わないでしょうが、論文や仕事の報告書なら多めに使ったほうが安全です。だから契約書や法律の条文などはしつこいくらいに接続詞を使います。誤解のないようにするためです。

一度、接続詞に着目しながら、色々な文章を読んで比べてみるといいでしょう。自分のスタイルが見つかるかもしれません。

また、特に英語でもそうなのですが、**逆接の接続詞は同じものを多用すると稚拙に聞こえます**。「でも」とか「しかし」が同じ段落にいくつも出てきたらうっとうしいですよね。それを避けるためにも、文章のうまい人がどんなふうに逆接の接続詞を使い分けているか注意してみてください。

有名作家になりきる

人の文章を参考にするとき、真似るのは逆接の接続詞だけではありません。**本当に文章がうまいと定評のある人なら、スタイルをそのまま真似るというのもいい**でしょう。注意しなければならないのは、本を出している人の文章が皆うまいとは限らないことです。

実はここでも読書がアウトプットに役立ちます。よく、どうしたら文章がうまくなりますかと聞かれますが、王道はありません。あるとすれば、本をたくさん読むということです。どうすれば英語がうまく話せるようになるかと言うと、たくさん聞いて、たくさん話すことしかありません。それと同じなのです。たくさん読んで、たくさん書く。強いて言うならそれが王道です。だから読書がアウトプットに役立つと言ったのです。

私の場合、ベストセラー作家の真似をするようにしています。たとえば村上春樹さんです。村上さんの表現は独特なのですが、それがまたいいのです。私が初めて書いた小説『自由の国　平等の国』（ロゼッタストーン）も、なんとなく村上さんを意識しています。ちょっと物語の最初のほうの文章を引用してみましょう。

そこは二つの国のはずれ。美しい草原がどこまでも広がる一方で、暴力的なまでの冷たくて高い鉄の壁が世界を真っ二つに別っています。まるで地球を包丁で二つに切ろうとして、そのまま時間が止まってしまったかのように……。

その昔、この世界には、自由の国と平等の国という、隣り合う二つの国がありました。自由の国は、自由こそが幸福だと信じ、自由のみを追求していました。平等の国は、平等こそが幸福だと信じ、平等のみを追求していました。

二つの国は互いに影響を与えられることを恐れ、鉄の壁で境界線を設けて、行き来できないようにしていたのです。

自由の国の人たちは、皆自由を愛していました。だから平等なんてことにはまったく興味がなかったのです。お店で「一人につき一個です」などと言われると、自由の国の人たちは「法律違反だ！」と怒り出す始末。ところが、ベルという少女だけは好奇心旺盛で、平等の国に興味を持っていました。彼女はなんでも知っている賢者ジェイおじいさんのところに足しげく通い、よく平等の国の話を聞いていたのです。なにしろ平等の国の話は、ほかの誰も知らなかったのですから。


さて、いかがでしょうか？　どこが村上春樹を真似ているのかと言われると困りますが、自分ではそのつもりで書いているのです。つまり、村上さんが自分に憑依したような感じで書けばいいのです。すると、そんな感じになるものです。村上さんだったら、ここでこんな比喩を付け足すだろうななどと思って書くのです。鉄の壁を包丁にたとえたあたりは、まさに村上さんになったつもりで書きました。

本人にはそんな表現しないよと言われるかもしれませんが、大事なのは自分が本人になりきれるかどうかです。これなら夏目漱石にだって、トルストイにだってなれます。皆さんは誰になって文章を書いてみたいですか？

アウトプットを効果的に登場させる文章テク

この章の最後に、アウトプットを効果的に登場させるための文章テクについてお話しておきます。つまり、せっかく読んだ本を紹介したり引用したりする際に、ただいきなり出すだけでは効果が薄いので、**ためて登場させる**よう工夫するのです。人を紹介するときもそうですが、ただ「●●さんです」では、誰も感動しません。そこで、ためを作るのです。

たとえば、「さあ、皆さんお待ちかねの方がいよいよ登場します」などと言っただけで、人々は期待するものです。そして「それでは登場していただきましょう！●●さんです」ともってくれば、もうボルテージは最高潮に達します。本も同じなのです。次の文章はただの紹介です。

ルソーは『社会契約論』の中でこう言っています。「人間は自由なものとして生まれた。しかもいたるところで鎖につながれている」と。

いかにも普通ですよね。いいことを言っているのですが、それがまったく伝わってきません。では、次のようにためた紹介はどうでしょうか？

フランス革命の教祖とも言うべきフランスの思想家、かのジャン・ジャック・ルソーが、革命のバイブルにもなった『社会契約論』の中で、なんとこんなふうに言っているのです。「人間は自由なものとして生まれた。しかもいたるところで鎖につながれている」と。

このほうがよっぽど効果的ですよね。どこが違うかと言うと、著者に箔をつけている点と、引用の前にそれをわざわざ紹介する意義を強調している点、そして「なんと」などの大げさな表現を用いている点です。プロレスの選手紹介も、たとえば人気レスラーの棚橋弘至選手なら「百年に一人の逸材、太陽の天才児！」などと実況アナが絶叫するわけです。もうそれだけですごい人が登場したような気になります。百年に一人の逸材ですよ、天才児ですよ。

また、その文章を引用する意義も強調しておくと、ありがたみがあります。そこに加えて、「なんと」だとか「実は」といった強調のための枕詞を持ってくればもう最強です。

せっかく苦労して読書で仕入れたネタですから、効果的に用いたいものですよね。本章で紹介したノウハウを活用しつつ、皆さん自身もどうしたらよりよいアウトプットになるか、ぜひ知恵を絞ってみてください。

おわりに

先日子どもにこんな質問をされました。「お父さんは、何をしているときが一番幸せ?」私は一瞬戸惑いました。子どもがこういう質問をするときは、たいてい「子どもと遊んでいるとき」などという答えを期待しているはずだからです。さすがに父親業を10年以上もやっていると、そのへんは経験的にわかってきます。

ところが、そのとき私の頭にふと浮かんだのは、読書をして何かを書いている姿でした。もちろん子どもをはじめ家族と過ごす時間が一番なのは間違いありません。でも、そこで何をするのが幸せかと言われると、やはり読書とそのアウトプットなのです。

ですから、家族と旅行しながら執筆できると最高です。家族にとっては迷惑な話かもしれませんが、やめられないのです。締め切りがあるからとか、やらなければならないからではありません。やりたいからです。それが私にとって最も幸せな営みなのです。

そこで、ある日ふと考えました。もしこの世から本が消えたらどうしようかと。紙の本が電子書籍に取って代わるという話ではなくて、文字を書いた媒体自体がすべてなくなってしまったらということです。そんなことはあり得ないと思われるかもしれませんが、世の中何が起こるかわからないものです。とりわけ、映像技術が進化し、かなりのものは文字ではなく映像で情報を得られる時代になってきています。そのほうがインパクトがあるし、よりわかりやすいですから。若者の読書離れは、そうしたテクノロジーの進化によって促進されていると言っても過言ではないでしょう。

さらに、ＡＩが発達し、人間が本を読む必要などなくなる日がくるかもしれません。すべてロボットがやってくれる便利な時代。ただ、仮にそんな時代がきたとしても、私はやはり本を読み、アウトプットし続けたいと思っています。

本を読むというのは、文字を目で追い、それを解析する作業です。それは何語の文章でも同じです。ある一定の記号の組み合わせを前に、その意味を考える。まずこれ自体がパズルを解くのと同じような快楽なのです。そして意味を想像して感動したり、意味がわかって喜んだり、逆に意味がわからずあれこれと思索をめぐらせたりします。

そうやって読書から受けた刺激を、同じ文字という形で表現してみる。これもまた本を読む以上にゾクゾクする営みです。今度は自分が世の中に意味を生み出すわけです。それを読んで誰かが感動し、喜び、思索をめぐらせる。その姿を想像しただけでもわくわくしてきます。

私たちは幸せです。幸いまだこの世には本があります。楽しみが残っているのです。この世から本がなくなってしまわないように、もっと本を読みましょう。そしてどんどんアウトプットしましょう。本書がそのための一助になれば、これ以上うれしいことはありません。

さて、本書を世に出すにあたっては、大変多くの方にお世話になりました。とりわけ、構成を考える段階でアイデアとアドバイスをいただいたリベラル社編集部の伊藤光恵さんと渡辺靖子さん、そして色々とご迷惑をおかけしたにもかかわらず、最初から最後まで粘り強く細かい作業を担当していただいた廣江和也さんには、この場をお借りして感謝の意をお伝えしたいと思います。

最後に、本書をお読みいただいたすべての方に感謝を申し上げます。本当にありがとうございました。

２０１６年夏　小川仁志

プロフィール

小川仁志　おがわ・ひとし

1970年、京都府生まれ。哲学者・山口大学国際総合科学部准教授。京都大学法学部卒、名古屋市立大学大学院博士後期課程修了。博士（人間文化）。商社マン、フリーター、市役所職員、徳山工業高等専門学校准教授、米プリンストン大学客員研究員を経て現職。商店街で「哲学カフェ」を主宰するなど、市民のための哲学を実践している。専門は公共哲学。著書に『7日間で突然頭がよくなる本』、『世界のエリートが学んでいる教養としての日本哲学』（共にPHP研究所）、『仕事が変わる哲学の教室』（KADOKAWA）等多数。

主な参考文献

三谷宏治『戦略読書』（ダイヤモンド社）

山口周『読書を仕事につなげる技術』（KADOKAWA）

藤井孝一『読書は「アウトプット」が99％』（三笠書房）

小川仁志『覚えるだけの勉強をやめれば劇的に頭がよくなる 大人のためのアウトプット勉強法』（PHP新書）

河野哲也『レポート・論文の書き方入門 第三版』（慶應義塾大学出版会）

村上春樹『職業としての小説家』（スイッチ・パブリッシング）

ブックデザイン：小口翔平＋山之口正和＋喜來詩織(tobufune)
編集：廣江和也(リベラル社)
編集人：伊藤光恵(リベラル社)
営業：栗田宏輔(リベラル社)

編集部：渡辺靖子・鈴木ひろみ・山浦恵子
営業部：津田滋春・廣田修・中村圭佑・青木ちはる・三田智朗・三宅純平・野沢都子

7日間で成果に変わる

アウトプット読書術

2016年9月28日　初版

著　者　小川仁志
発行者　隅田直樹
発行所　株式会社リベラル社
〒460-0008　名古屋市中区栄3-7-9　新鏡栄ビル8F
TEL　052-261-9101　FAX　052-261-9134
http://liberalsya.com
発　売　株式会社星雲社
〒112-0005　東京都文京区水道1-3-30
TEL　03-3868-3275

ISBN：978-4-434-22478-2